U0553684

孔子編年

〔宋〕胡仔　撰
〔清〕胡培翬　注

齊魯書社
·濟南·

圖書在版編目（CIP）數據

孔子編年 / (宋) 胡仔撰 ; (清) 胡培翬注. 濟南 : 齊魯書社, 2024. 9. -- (《儒典》精粹).

ISBN 978-7-5333-4949-3

Ⅰ. B822.2

中國國家版本館CIP數據核字第202498BH83號

責任編輯　張　超　劉　晨

裝幀設計　亓旭欣

孔子編年

KONGZI BIANNIAN

〔宋〕胡仔　撰　〔清〕胡培翬　注

主管單位　山東出版傳媒股份有限公司

出版發行　齊魯書社

社　　址　濟南市市中區舜耕路517號

郵　　編　250003

網　　址　www.qlss.com.cn

電子郵箱　qilupress@126.com

營銷中心　（0531）82098521　82098519　82098517

印　　刷　山東臨沂新華印刷物流集團有限責任公司

開　　本　880mm × 1230mm　1/32

印　　張　7.75

插　　頁　2

版　　次　2024年9月第1版

印　　次　2024年9月第1次印刷

標準書號　ISBN 978-7-5333-4949-3

定　　價　68.00圓

《〈儒典〉精粹》出版説明

《儒典》是對儒家經典的一次精選和萃編，集合了儒學著作的優良版本，展示了儒學發展的歷史脉絡。其中，《義理典》《志傳典》共收録六十九種元典，由齊魯書社出版。鑒於《儒典》采用套書和綫裝的形式，部頭大，價格高，不便於購買和日常使用，我們決定以《〈儒典〉精粹》爲叢書名，推出系列精裝單行本。

叢書約請古典文獻學領域的專家學者精選書目，并爲每種書撰寫解題，介紹作者生平、内容、版本流傳等情况，文簡義豐。叢書共三十三種，主要包括儒學研究的代表性專著和儒學人物的師承傳記兩大類。版本珍稀，不乏宋元善本。對於版心偏大者，適度縮小。爲便於檢索，另編排目録。不足之處，敬請讀者朋友批評指正。

齊魯書社
二〇二四年六月

《儒典》精粹書目（三十三種三十四册）

孔氏家語　荀子集解　孔叢子
春秋繁露　春秋繁露義證　鹽鐵論
新序　揚子法言　白虎通德論
潛夫論　中說　太極圖說　通書
龜山先生語録　張子語録　傳習録
張子正蒙注　先聖大訓　近思録
四存編　孔氏家儀　帝範
帝學　温公家範　文公家禮
聖門禮樂誌　東家雜記　孔氏祖庭廣記
伊洛淵源録　伊洛淵源續録　國朝漢學師承記
國朝宋學淵源記　孔子編年　孟子年表

解題

孔子編年五卷，宋胡仔撰，清胡培翬注，清嘉慶二十三年績溪胡氏家祠刻本

胡仔字元任，號苕溪漁隱，安徽績溪人，南宋廣西經略使舜陟之子。以父蔭官至福建轉運司干辦公事，轉奉議郎知常州晉陵縣，未赴，乾道六年（一一七〇）卒，年六十一。著有《苕溪漁隱叢話》。胡培翬字載平，績溪人，仔之裔孫，嘉慶己卯（二十四年，一八一九）進士，官内閣中書、户部主事，回籍立東山書院，又掌教鍾山、雲間、涇上，生平學無不該，精於『三禮』，著述頗豐。

是書輯録孔子言行，以《論語》《春秋三傳》《禮記》《家語》《史記·孔子世家》諸書所載，按歲編排，體例類於年譜。卷首有宋紹興八年（一一三八）胡舜陟序、清嘉慶二十三年（一八一八）胡培翬後序。舜陟稱『余令小子仔采摭其可信者而爲《編年》』，凡五卷，起襄公二十二年，訖哀公十六年，自孔子始生而至于終，言動出處亦略具矣』云云。蓋

因周秦兩漢之間讖緯雜出，一切詭异神怪之説率托諸孔子，大抵誕謾不足信；且自魏晋以後，考論聖迹之書日多，亦猥雜日甚，不足以徵信。故獨依據經傳，考尋事實，大旨以《論語》爲主而附以他書，采掇頗爲審慎；惟諸書所紀不能盡載其歲月，既限以編年，不免時有牽合，亦不免失於穿鑿。

培翬後序略謂：『其書在當時已行於世，故陳振孫、王應麟諸家著述多稱之……顧《叢話》世多刊本，而《編年》尠見流傳。國朝乾隆間，開四庫館，徵收天下遺書，是編由浙江范氏天一閣鈔呈，得著録史部傳記類。培翬幼時即思讀其書，辛未而後，游歷南北，過書肆輒訪求焉，不可得。今歲家祠續修譜牒，族裔日光留心先世掌故，訪得鈔本，不惜巨費購寫以歸於祠。族衆皆欣然喜先人數百年手澤得見於今日，而思鏤版廣其傳，屬培翬校勘。』知此本據鈔本校刻而成，當與《四庫全書》本同源也。而原編無注，此則悉以所出書名及後人考論之説足相證明者略注於下，較《四庫》之本猶爲詳備矣。

徐　泳

目録

孔子編年

孔子編年序

聖人達而在上者制治之法成於周公聖人窮而在下者制行之法成於孔子周公之制度其詳見於周官之書與五經並行於世可得而考若夫孔子動而世爲天下道行而世爲天下法者雜出於春秋三傳禮記家語與夫司馬遷世家而又多僞妄惟論語爲可信足以證諸家之是非余令小子仔采摭其可信者而爲編年凡五卷起襄公二十二年訖哀公十六年自孔子始生而至于終言動出處亦略具矣夫以

天縱之將聖生乎亂世而時無賢君莫能用之故去魯凡十三年適衛者五適陳適蔡者再適曹適宋適鄭適葉適楚者一而復自衛反魯豈苟然哉所以或仕或處或久或速莫非翔而後集色斯舉矣然轍環天下卒老于行者天也非人也如天欲平治天下必有尊德樂道之君出焉而吾夫子見用周公之事業復顯於當世矣故嘗嘆曰鳳鳥不至河不出圖吾已矣夫又曰甚矣吾衰也久矣吾不復夢見周公觀其爲魯中都宰一年爲司空二年爲司寇三年經文緯

武更制定令內以移風易俗外以折衝禦侮而大邦震懼四方取則則夫子所謂苟有用我者期月而已可也豈欺我哉惜乎未嘗有所終三年淹也卒不見其有成豈非天乎當時游於諸侯有以致弟子之不說而起後世之疑者莫不以見南子從弗擾佛肸爲非此蓋未之思也業已適其國而南子方用事欲見而不見則其所取辱必有甚於見矣然使聖人屈己而見所不見是天之厄也違天不祥故曰予所否者天厭之弗擾佛肸之召欲往而卒不往者明聖人有

可見之道欲爲天下後世訓則不必往矣非從容中道者能之乎余嘗考論語鄉黨一篇見聖人動作威儀之則至纖至悉及其他篇見所謂子之燕居申申夭夭溫而厲威而不猛子與人歌子所雅言之類皆弟子所記而聖人動容周旋中禮了然在人目前學者得以取法也今編年所書七十三年應世之行有出處去就之大節孟子所謂集大成金聲玉振聖智之事舉在是矣善學聖人者必有取於斯焉紹興八年三月壬子績溪胡舜陟序

孔子編年目録

卷五

年七十至七十三卒

先苕溪公諱仔吾胡氏遷績溪之八世祖也宋紹興初奉先三山公之命撰孔子編年五卷其書在當時已行於世故陳振孫王應麟諸家著述多稱之三山公經略廣西遭秦檜譖害公時爲廣西僚職歸寓湖州之苕上杜門御掃日以編次爲業自稱苕溪漁隱嘗彙輯古今詩評爲叢話前後集一百卷顧叢話

世多刊本而編年尠見流傳
國朝乾隆間開四庫館徵收天下遺書是編由
浙江范氏天一閣鈔呈得著錄史部傳記類
培翬幼時卽思讀其書辛未而後遊歷南北
過書肆輒訪求焉不可得今歲家祠續修譜
牒族裔日光留心先世掌故訪得鈔本不惜
巨費購寫以歸於祠族衆皆欣然喜先人數
百年手澤得見於今日而思鏤版廣其傳屬
培翬校勘於是取所采各書原本敬謹核對

補脫字數十正譌文數十其中與今本文異而義可通者則不敢擅改恐當時所據之本與今本異也自七十子沒後言聖蹟者紛紛率多荒誕是編於經外止采史記家語然史記家語所載事實與諸經同者則從諸經諸經與論語同者則從論語雖其分年紀錄略依史遷世家而亦有不盡從者如孟懿子南宮敬叔學禮世家繫之十七歲適周世家繫之三十歲是編俱載於三十四歲吳遣使問

骨專車世家與羵羊事類敘是編載於自衛
反魯後他若野合要經之曲說俱削而不錄
至家語删棄尤多蓋先聖之事蹟於是爲備
而諸儒之采輯於是爲精矣原編無注今悉
以所出書名及後人考論聖蹟之說足相證
明者略注於下閱月而畢敬付剞劂氏旹
嘉慶二十三年戊寅十月朔裔孫培翬謹識

日光繕錄

紹煥覆對

金紫家祠藏版旌德湯庭光鐫

孔子編年卷一

宋　績溪胡仔元任　撰

孔子之先宋人也武王克商以商遺民封紂之子武庚以奉湯祀及武庚與管蔡叛成王命周公誅之以紂之庶兄微子啓爲商後封于宋微子啓卒立其弟衍是爲微仲微仲卒子宋公稽立宋公稽卒子丁公申立丁公申卒子湣公共立湣公共卒弟煬公熙立湣公長子曰弗父何何之弟鮒祀弑煬公以國授何何弗受鮒祀立是爲厲公而何世

爲宋大夫其曾孫曰正考父考父之子曰孔父嘉孔父生時所賜號也子孫因以爲氏孔父嘉爲華父督所殺其子奔魯始爲陬人孔子之曾大父曰孔防叔防叔生伯夏伯夏生叔梁紇以勇力聞於諸侯晚求婚於顏氏顏氏三女季曰徵在妻之生

孔子培翬謹按是編采摭經傳未著所出今悉注之但所采多有增刪潤色於其間茲與原書無異者止注書名其有增刪者並注明於下○此節係本史記家語左傳及注疏各家之說撰集成文云孔子之先宋人也本史記孔子世家云武王克商以下至弟煬公熙立本史記衛世家及宋世家微仲微子弟家語呂覽皆同漢書古今人表注以微仲爲微子之子此不從云潛公長子曰弗父

何何之弟鮒祀弒煬公本宋世家家語本姓解以何及鮒祀爲襄公熙子誤矣云以國授何何弗受本詩商頌疏云鮒祀立是爲厲公本宋世家云何世爲宋大夫其曾孫曰正考父本左傳及杜注家語謂方祀以下世爲宋卿方祀當爲弗父何之誤家語又謂弗父何生宋父周周生世父勝勝生正考父是正考父爲何之曾孫也云考父之子曰孔父嘉至因以爲氏本家語云孔父嘉爲華父督所殺其子奔魯始爲防人本杜注及蘇氏古史家語謂孔父生子木金父金父生睪夷睪夷生防叔世本作木金父生祁父祁父生防叔無睪夷江氏永曰祁父蓋卽睪夷之字也家語又謂防叔避華氏之禍而奔魯此不從者以孔父旣爲督所殺其子金父卽當避禍不得至防叔而後奔魯也云孔子之曾大父曰孔防叔防叔生伯夏伯夏生叔梁紇本史記及家語云以勇力聞於諸侯本左傳云聦求婚於顏氏顏氏三女季曰徵在妻之生孔子本家語按家語云叔梁紇娶魯之施氏雖有九女而

無子其妾生孟皮孟皮一字伯尼有足病於是乃求婚於顏氏今本家語脫娶魯之施氏五字又檀弓疏引家語云叔梁紇年餘七十無妻今本家語亦無此文

庚戌魯襄公二十二年孔子生於魯昌平鄉陬邑本史記孔子世家○公羊傳襄二十一年十有一月庚子孔子生穀梁傳襄二十一年十一月庚子孔子生王氏應麟曰孔子世家云魯襄公二十二年孔子生左傳杜注從史記閻氏若璩曰近黃太冲以歷上推斷生於襄公二十二年建酉之月二十七日庚子與羅泌路史朌合余亦推以歷歎爲定論鄭氏環曰按公穀謂生於襄二十一年己酉則庚子爲十月二十一日金氏履祥謂是年九月十月日兩食必非生聖人之年史記謂生於襄二十二年庚戌則庚子爲十月二十七日己亥十一月朔氣故穀梁以爲十月公羊以爲十一月黃太冲以歷上推即今之八月二十七日也孔氏家譜年譜世

表素王事記生年俱與史記同宋氏濂生卒考江氏永年譜俱誤謹按朱子論語序說生年亦從史記當以此爲正陸德明公羊釋文止載庚子孔子生五字無十有一月句云傳文上有十月庚辰此亦十月也據此則公羊與穀梁本同今所傳之公羊本蓋誤○鄭氏環又曰聖門志孔子年庚庚戌戊子庚子甲申按甲申未知何據戊子乃夏正十一月亦非孔氏尚忻孔庭摘要周靈王二十一年魯襄公二十二年庚戌十月二十七日申時生周正建子周之十月卽夏之八月也今用夏正故以八月二十七日爲聖祖生辰

初徵在禱於尼邱之山而生孔子故名之曰某字仲尼本家語本姓解○謹按家語今本多殘缺與各書所引不合是編採家語有與今本微異者或古本如是茲不悉校爲兒嬉戲常陳俎豆設禮容及長長

九尺六寸人皆謂之長人孔子世家

辛亥魯襄公二十三年年二

壬子魯襄公二十四年年三

父叔梁紇卒家語本姓解孔子三歲而叔梁紇卒葬於防山防山在魯東孔子世家

癸丑魯襄公二十五年年四

弟子秦商生家語七十二弟子解秦商少孔子四歲鄭氏環曰據家語秦商當以甲寅生素王事記孔子年譜繫之癸丑則但少三歲矣謹按家語王肅注云此書久遠年數錯誤未可詳校自後弟子生年家語與此異者不悉注

甲寅魯襄公二十六年年五

乙卯魯襄公二十七年年六

弟子顏路生年譜同

丙辰魯襄公二十八年年七

丁巳魯襄公二十九年年八

戊午魯襄公三十年年九

弟子仲由生年譜同鄭氏環曰海鹽呂元善聖門志子路父名鳧母宋氏生于周景王三年己未九月初七日魯襄公三十一年也今七月七日是其誕辰

己未魯襄公三十一年年十

鄭人游于鄉校以論執政然明謂子產曰毀鄉校如何子產曰何爲夫人朝夕退而游焉以議執政之善否其所善者吾則行之其所惡者吾則改之是吾師也若之何毀之我聞忠善以損怨不聞作威以防怨豈不遽止然猶防川大決所犯傷人必多吾不克救也不如小決使道不如吾聞而藥之也然明曰蔑也今而後知吾子之信可事也小人實不才若果行此其鄭國實賴之豈唯二三臣孔子（原本仲尼二字是編多作孔子後同）聞是語也曰以是觀之人謂

子產不仁吾不信也左傳○謹按杜注云仲尼於是十歲長而後聞之據此則所言不在斯時也當以鄭人遊鄉校事在此歲故繫于此

庚申魯昭公元年年十一

弟子漆雕開生年譜同謹按開本名啓見漢書閻氏若璩曰史記列傳漆雕開字子開上開字本啓字避景帝諱改流俗本家語開字子若者失之

辛酉魯昭公二年年十二

壬戌魯昭公三年年十三

癸亥魯昭公四年年十四

甲子魯昭公五年年十五年譜是歲志學

魯叔孫穆子初辟僑如之難奔齊及庚宗遇婦人使私爲食而宿焉生子曰牛至齊娶於國氏生孟丙仲壬後穆子反魯以牛爲豎有寵牛抅孟丙殺之仲壬奔齊穆子病豎牛弗饋食而卒豎牛立昭子而相之仲壬聞喪至自齊季孫欲立之南遺曰叔孫氏厚則季氏薄彼實家亂子勿與知不亦可乎南遺使國人助豎牛以攻諸大庫之庭司宮射之中目而死豎牛取東鄙三十邑以與南遺昭子即位朝其家衆曰豎牛禍叔孫氏使亂大從殺適

立庶又披其邑將以赦罪罪莫大焉必速殺之豎牛懼奔齊孟仲之子殺諸塞關之外投其首於寧風之棘上孔子曰叔孫昭子之不勞不可能也周任有言曰爲政者不賞私勞不罰私怨詩云有覺德行四國順之左傳有刪潤

弟子閔損生年譜同

乙丑魯昭公六年年十六

丙寅魯昭公七年年十七

丁卯魯昭公八年年十八

戊辰魯昭公九年年十九

娶于宋之丌官氏本家語本姓解○丌家語本作幵幵音堅鄭氏環曰幵幵官複姓幵音萺闞里本作亓一作丌古其字○孔叢子夫子妻不服綵妾不衣帛程昉捷曰夫子有妾唯見於此他書無攷

己巳魯昭公十年年二十

伯魚生昭公使人遺以鯉魚孔子榮君之賜因名之曰鯉字伯魚本家語本姓解○鄭氏環曰龜山楊氏先聖大訓及年表夫子十九歲娶夫人宋幵官氏二十歲始仕於魯爲委吏是年子鯉生二十一歲爲乘田按始仕則通贄而君或有所賜大訓及年表是也○史記爲季氏史料量平朱子曰索隱一本作委吏與孟子合當從之

庚午魯昭公十一年年二十一孔庭摘要二十一歲為魯乘田○史記為

司職吏畜蕃息朱子曰職見周禮牛人讀為樴義

與杙同蓋繫養犧牲之所此官即孟子所謂乘田

辛未魯昭公十二年年二十二年譜是年始設教於闕里

楚靈王汰侈右尹子革侍坐左史倚相趨過王曰

是良史也子善視之是能讀三墳五典八索九邱

對曰臣問今本問作嘗問焉昔穆王欲肆其心周行天下

將皆必有車轍馬跡焉祭公謀父作祈招之詩以

止王心王是以獲沒於祗宮臣問其詩而不知也

若問遠焉其焉能知之王曰子能乎對曰能其詩

曰祈招之愔愔式昭德音思我王度式如玉式如金形民之力而無醉飽之心王揖而入饋不食寢不寐數日不能自克以及於難孔子曰古也有志克己復禮仁也信善哉楚靈王若能如是豈其辱於乾谿 左傳○首二句本家語正論解

楚工尹商陽與陳棄疾追吳師及之陳棄疾謂工尹商陽曰王事也子手弓而可手弓子射諸射之斃一人韔弓又及謂之又斃二人每斃一人揜其目止其御曰朝不坐燕不與殺三人亦足以反命

矣孔子曰殺人之中又有禮焉禮記檀弓○鄭注魯昭十二年楚子狩於州來使蕩侯潘子司馬督囂尹午陵尹喜圍徐以懼吳於時有吳師○謹按是編以經傳分年繫錄在當時必有所本而今不盡可攷茲蒐檢名書於其有證據者采注於下無則闕之

壬申魯昭公十三年年二十三

癸酉魯昭公十四年年二十四

晉刑侯與雍子爭鄐田久而無成士景伯如楚叔魚攝理韓宣子命斷舊獄罪在雍子雍子納其女於叔魚叔魚蔽罪邢侯邢侯怒殺叔魚與雍子於朝宣子問其罪於叔向叔向曰三人同罪施生戮

死可也雍子自知其罪而賂以買直鮒也鬻獄邢侯專殺其罪一也己惡而掠美爲昏貪以敗官爲墨殺人不忌爲賊夏書曰昏墨賊殺臯陶之刑也請從之乃施邢侯而尸雍子與叔魚於市孔子曰叔向古之遺直也治國制刑不隱於親三數叔魚之惡不爲末減曰義也夫可謂直矣平丘之會數其賄也以寬衛國晉不爲暴歸魯季孫稱其詐也以寬魯國晉不爲虐邢侯之獄言其貪也以正刑書晉不爲頗三言而除三惡加三利殺親益榮猶

義也夫左傳

母顏氏卒歷聘紀年二十四歲母顏氏卒孔子少孤不知父墓乃殯其母於五父之衢本作不知其墓殯於五父之衢此依注疏增易人之見之者皆以爲葬也其愼也蓋殯也問於聊曼父之母然後得合葬於防禮記檀弓

甲戌魯昭公十五年年二十五

孔子合葬母於防本作孔子既得合葬於防曰吾聞之古也墓而不墳今某也東西南北之人也不可以弗識也於是封之崇四尺孔子先反門人後雨甚至孔子

問焉曰爾來何遲也曰防墓崩孔子不應三孔子泫然流涕曰吾聞之古不修墓 禮記檀弓

乙亥魯昭公十六年年二十六

孔子母喪 母喪二字增 既祥五日彈琴而不成聲十日而成笙歌 禮記檀弓

丙子魯昭公十七年年二十七

郯子來朝昭公與之宴昭子問焉曰少皞氏鳥名官何故也郯子曰吾祖也我知之昔者黃帝氏以雲紀故爲雲師而雲名炎帝氏以火紀故爲火師

而火名共工氏以水紀故為水師而水名大皞氏以龍紀故為龍師而龍名我高祖少皞摯之立也鳳鳥適至故紀於鳥為鳥師而鳥名鳳鳥氏歷正也元鳥氏司分者也伯趙氏司至者也青鳥氏司啓者也丹鳥氏司閉者也祝鳩氏司徒也鴡鳩氏司馬也鳲鳩氏司空也爽鳩氏司寇也鶻鳩氏司事也五鳩鳩民者也五雉為五工正利器用正度量夷民者也九扈為九農正扈民無淫者也自顓頊以來不能紀遠乃紀於近為民師而命以民事

則不能故也孔子聞之見於郯子而學之杜注於是仲尼年二十八孔疏襄三十一年注云仲尼年十歲計至此年二十七今云二十八誤既而告人曰吾聞之天子失官學在四夷猶信以上左傳遂之郯遭程子名本著書名子華子於塗傾蓋而語終日甚相親顧謂子路曰取束帛以贈先生子路屑然對曰由聞之士不中間見女嫁無媒君子不以交禮也有間又顧謂子路子路又對如初孔子曰由詩不云乎有美一人清揚宛兮邂逅相遇適我願兮今程子天下賢士也於斯不贈則將終身弗能見也小

子行之家語致思

丁丑魯昭公十八年年二十八

孔子射於矍相之圃蓋觀者如堵牆射至於司馬使子路執弓矢出延射曰賁軍之將亡國之大夫與爲人後者不入其餘皆入蓋去者半入者半又使公罔之裘序點揚觶而語公罔之裘揚觶而語曰幼壯孝弟耆耋好禮不從流俗修身以俟死者不在此位也蓋去者半處者半序點又揚觶而語曰好學不倦好禮不變旄期稱道不亂者不在此

位也蓋勵有存者禮記射義

戊寅魯昭公十九年年二十九

在魯

弟子冉求商瞿梁鱣生年譜同

己卯魯昭公二十年年三十

在魯

齊景公與晏嬰來適魯景公問孔子曰昔秦穆公國小處辟其霸何也對曰秦國雖小其志大處雖辟行中正身舉五羖爵之大夫起纍紲之中與語

三日授之以政以此取之雖王可也其霸小矣景公說孔子世家

衛宗魯由齊豹事公孟縶齊豹將殺公孟縶宗魯知而弗告及難作死之琴張將往弔之孔子曰齊豹之盜而孟縶之賊女何弔焉君子不食姦不受亂不爲利疚於回不以回待人不蓋不義不犯非禮左傳有删潤

齊侯田于沛招虞人以弓不進公使執之辭曰昔我先君之田也旃以招大夫弓以招士皮冠以招

虞人臣不見皮冠故不敢進乃舍之孔子曰守道不如守官君子韙之左傳○江氏永曰昭二十年齊侯田於沛有論虞人語蓋在魯聞而論之家語正論解謂孔子在齊非也

鄭子產有疾謂子大叔曰我死子必爲政唯有德者能以寬服民其次莫如猛夫火烈民望而畏之故鮮死焉水懦弱民狎而翫之則多死焉故寬難疾數月而卒大叔爲政不忍猛而寬鄭國多盜取人於萑苻之澤大叔悔之曰吾早從夫子不及此興徒兵以攻萑苻之盜盡殺之盜少止仲尼曰善

哉政寬則民慢慢則糾之以猛猛則民殘殘則施之以寬寬以濟猛猛以濟寬政是以和詩曰民亦勞止汔可小康惠此中國以綏四方施之以寬也毋從詭隨以謹無良式遏寇虐慘不畏明糾之以猛也柔遠能邇以定我王平之以和也又曰不競不絿不剛不柔布政優優百祿是遒和之至也及子產卒孔子聞之出涕曰古之遺愛也左傳○謹按史記云孔子過鄭與子產如兄弟又云兄事子產鄭氏環曰子產卒於昭二十年孔子時年三十聞而出涕左氏當非無徵若兄事子產則三十四歲適周以前未聞適鄭史遷得之傳聞恐未可信

弟子高柴巫馬施生

庚辰魯昭公二十一年年三十一

在魯

魯有儉嗇者瓦鬲煮食食之自謂其美盛之土型之器以進孔子孔子受之歡然而悅如受大牢之饋子路曰瓦甂陋器也煮食薄膳也夫子何喜之如此乎子曰夫好諫者思其君食美者念其親吾非以饌具之爲厚以其食厚而我思焉家語致思

弟子端木賜生

辛巳魯昭公二十二年年三十二

在魯

魯人有獨處室者隣之嫠婦亦獨處一室夜暴風雨至嫠婦室壞趨而託焉魯人閉戶而不納嫠婦自牖與之言子何不仁而不納我乎魯人曰吾聞男女不六十不同居今子幼吾亦幼是以不敢納爾也婦人曰子何不如柳下惠然嫗不逮一本作不建注云不建門名門之女國人不稱其亂魯人曰柳下惠則可吾固不可吾將以吾之不可學柳下惠之可孔

子聞之曰善哉欲學柳下惠者未有似於此者期於至善而不襲其爲可謂智乎家語好生

壬午魯昭公二十三年年三十三

在魯

癸未魯昭公二十四年年三十四

魯大夫孟僖子將死召其大夫而屬之曰以上有刪潤此是昭七年傳因僖子卒在是年故繫于此禮人之幹也無禮無以立吾聞將有達者曰孔某杜注僖子卒時孔子年三十五孔疏當言三十四而云五蓋相傳誤耳謹按杜注于襄三十一年注云孔子以二十二年生於是十歲哀十六年注云魯襄二

十二年生至今七十三是杜氏專主史記之說索隱引賈逵云仲尼時年三十五此注蓋承用賈氏之舊未及改耳聖人之後也而滅於宋其祖弗父何以有宋而授厲公及正考父佐戴武宣三命茲益共故其鼎銘云一命而僂再命而傴三命而俯循牆而走亦莫余敢侮饘於是鬻於是以餬余口其共也如是臧孫紇有言曰聖人有明德者若不當世其後必有達人今其將在孔某乎我若獲沒必屬說與何忌於夫子使事之而學禮焉以定其位故孟懿子與南宮敬叔師事孔子孔子曰能補過者君

子也詩曰君子是則是傚孟僖子可則效已矣左傳○江氏永曰史記不考僖子卒在昭二十四年此傳爲終言之而敘此事於十七歲誤甚

南宮适問於孔子曰羿善射奡盪舟俱不得其死然禹稷躬稼而有天下夫子不荅南宮适出孔子曰君子哉若人尚德哉若人論語○孔注适南宮敬叔魯大夫子謂南容王注南容弟子南宮縚魯人也邢疏鄭注檀弓云南宮縚孟僖子之子南宮閱然則名縚名适又名閱字子容氏南宮本孟氏之後也謹按集注因之以南容南宮适與南宮敬叔爲一人朱氏彝尊弟子考據夏洪基弟子傳略以南宮縚一名适字子容者爲一人以孟僖子之子仲孫說諡敬叔者爲一人蓋謂尚德之與載寶皎然殊也鄭氏環曰縚一作韜适一作括說一作閱一人而有六名其

實縚韜古通适括古通說閱古通适乃說之轉音縚乃适之轉音且閱有見容之義韜有容藏之義括有包容之義皆與字子容義相合不如仍舊說作一人爲愈漢書古今人表又有南宮邊子或云是适字之訛

孔子謂南宮敬叔曰吾聞老聃博古知今通禮樂之原明道德之歸則吾師也今將往矣對曰謹受命遂言於魯君曰孔子將適周觀先王之遺制考禮樂之所極斯大業也君盍以乘資之臣請與俱往魯君予一乘車兩馬一豎子侍御敬叔與俱至周問禮於老聃訪樂於萇宏歷郊社之所考明堂

之則察廟朝之度於是喟然曰吾乃今知周公之聖與周之所以王也本家語觀周有删潤○閻氏若璩曰孔子世家載適周問禮於老子在昭公之二十年而孔子年三十莊子云孔子年五十一南見老聃是爲定公九年水經注云孔子年十七適周是爲昭公七年索隱謂孟僖子卒南宮敬叔始事孔子實敬叔言於魯君而得適周則又爲昭公之二十四年說宜何從余曰其昭公二十四年乎曾子問孔子曰昔者吾從老聃助葬於巷黨及堩日有食之惟昭公二十四年夏五月乙未朔日有食之見春秋此即孔子從老聃問禮時也他若昭二十年定九年皆不日食昭七年雖日食而敬叔尚未從孔子游何由適周江氏永曰昭二十四年二月孟僖子卒五月乙未朔日食孔子適周在敬叔學禮之後則適周宜在此年三四月閒但敬叔有父喪家語謂與俱往疑未必然

孔子將問禮於老聃聃曰子所言者其人與骨皆已朽矣獨其言在耳且君子得其時則駕不得其時則蓬累而行吾聞之良賈深藏若虛君子盛德容貌若愚去子之驕氣與多慾態色與淫志是皆無益於子之身吾所以告子者如是而已孔子出謂弟子曰鳥吾知其能飛魚吾知其能游獸吾知其能走走者可以爲罔游者可以爲綸飛者可以爲矰至於龍吾不能知其乘風雲而上天今日見老子其猶龍邪（史記老子列傳）

孔子觀周明堂覩四門墉有堯舜之容桀紂之象而各有善惡之狀興廢之誡焉又有周公相成王抱之負斧扆南面以朝諸侯之圖焉孔子徘徊而望之謂從者曰此周之所以盛也夫明鏡所以察形往古所以知今人主不務襲迹於其所以安存而急殆一本作忽怠又作急急所以危亡是猶卻走而欲求及前人也豈不惑哉家語觀周

孔子觀周遂入太祖后稷之廟廟堂右階之前有金人焉參緘其口而銘其背曰古之愼言人也戒

之哉無多言多言多敗無多事多事多患安樂必戒無所行悔勿謂何傷其禍將長勿謂何害其禍將大勿謂不聞神將伺人燄燄不滅炎炎若何涓涓不壅終為江河綿綿不絕或成網羅毫末不札將尋斧柯誠能慎之福之根也曰是何傷禍之門也強梁者不得其死好勝者必遇其敵盜憎主人民怨其上君子知天下之不可上也故下之知衆人之不可先也故後之溫恭慎德使人慕之執雌持下人莫踰之人皆趨彼我獨守此人皆惑一作或

之我獨不徙內藏我智不示人技我雖尊高人弗我害誰能於此江海雖左長於百川以其卑也天道無親而能下人戒之哉孔子既讀斯文也顧謂弟子曰小子識之此言實而中情而信詩曰戰戰兢兢如臨深淵如履薄冰行身若此豈以口過患哉家語觀周

伯常騫問於孔子曰騫固周之賤史也不自以不肖將北面以事君子敢問正道宜行不容於世隱道宜行然亦不忍今欲身亦不窮道亦不隱爲之

有道乎孔子曰善哉子之問也自某之聞未有若吾子所問辯且說也某嘗聞君子之言道矣聽者無察則道不入奇偉不稽則道不信又嘗聞君子之言事矣制無度量則事不成其政曉察則民不保又嘗聞君子之言志矣剛折者不終徑易者則數傷浩倨者則不親就利者則無不弊又嘗聞養世之君子矣從輕勿爲先從重勿爲後見像而勿強陳道而勿佛此四者某之所聞也家語三恕

孔子將去周老聃送之曰吾聞富貴者送人以財

仁人者送人以言吾不能富貴竊仁人之號送子以言曰聰明深察而近於死者好議人者也博辯廣大危其身者發人之惡者也爲人子者毋以有己爲人臣者毋以有己孔子自周反于魯弟子稍益進焉孔子世家

甲申魯昭公二十五年年三十五

季平子與郈昭伯以鬬雞故得罪魯昭公昭公率師擊平子平子與孟氏叔孫氏三家共攻昭公昭公師敗奔於齊齊處昭公乾侯魯亂孔子適齊以上

孔子世家○江氏永曰昭公二十五年齊世家叙適齊於此年是也素王事記書孔子適齊于昭二十年誤

一　中路聞哭者之聲其音甚哀孔子謂其僕曰此哭哀則哀矣然非喪者之哀矣驅而前少進見有異人焉擁鐮帶索哭者不哀孔子下車追而問曰子何人也對曰吾丘吾子也曰子今非喪之所奚哭之悲也丘吾子曰吾有三失晚而自覺悔之何及曰三失可得聞乎願子告吾無隱也丘吾子曰吾少時好學周遍天下後還喪吾親是一失也長事齊君君驕奢失士臣節不遂是二失也吾

平生厚交而今皆離絕是三失也夫樹欲靜而風不停子欲養而親不待往而不來者年不可再見者親也請從此辭也遂投水而死孔子曰小子識之斯足爲戒矣自是弟子辭歸養親者十有三家語致思

孔子至齊爲高昭子家臣欲以通乎景公景公問政孔子曰君君臣臣父父子子景公曰善哉信如君不君臣不臣父不父子不子雖有粟吾得而食諸是時景公失政其大夫田氏厚施以奪其民而

公不悟故孔子及之它日又復問政於孔子孔子曰政在節財景公說本孔子世家有增潤

孔子在齊舍於外館景公造焉賓主之辭既接而左右白曰周使適至言先王廟災景公復問災何王之廟也孔子曰此必釐王之廟公曰何以知之孔子曰詩云皇皇上天其命不忒天之以善必報其德禍亦如之夫釐王變文武之制而作元黃華麗之飾宮室崇峻輿馬奢侈而弗可振也故天殃所宜加其廟焉以是占之爲然公曰天何不殃其

身而加罰其廟也孔子曰蓋以文武故也若殃其身則文武之嗣無乃殄乎故當殃其廟以彰其過俄頃左右報曰所災者釐王廟也景公驚起再拜曰善哉聖人之智過人遠矣家語六本

子聞韶三月不知肉味曰不圖爲樂之至於斯也論語

乙酉魯昭公二十六年年三十六

在齊

齊高庭問於孔子曰庭不曠山不植地衣穰而提

贄精氣以問事君子之道願夫子告之孔子曰貞以幹之敬以輔之施仁無倦見君子則舉之見小人則退之去汝惡心而忠與之效其行修其禮千里之外親如兄弟行不效禮不修則對門不汝通矣夫終日言不遺己之憂終日行不遺己之患唯智者能之故自修者必恐懼以除患恭儉以避難者也終身爲善一行今作言則敗之可不慎乎家語六本

弟子樊須生

丙戌魯昭公二十七年年三十七

在齊

吳延陵季子適齊於其反也其長子死葬於嬴博之間鄭注魯昭二十七年吳公子札聘於上國是也嬴博齊地孔疏襄二十九年季札來聘於魯遂往聘齊衛及晉知非此時子死而云昭二十七年聘上國者以襄二十九年孔子纔年九歲焉得觀其葬而善之故爲昭二十七年也謹按家語亦載此事適齊上有聘於上國四字昭二十七年聘上國見左傳孔子曰延陵季子吳之習於禮者也往而觀其葬焉其坎深不至於泉其斂以時服既葬而封廣輪揜坎其高可隱也既封左袒右還其封且號者三曰骨肉歸復于土命也若魂氣則無不之

也無不之也也而遂行孔子曰延陵季子之於禮也
其合矣乎禮記檀弓
丁亥魯昭公二十八年年三十八
在齊
晉韓宣子卒魏獻子爲政分祁氏之田以爲七縣
分羊舌氏之田以爲三縣司馬彌牟爲鄔大夫賈
辛爲祁大夫司馬烏爲平陵大夫魏戊爲梗楊大
夫知徐吾爲塗水大夫韓固爲馬首大夫孟丙爲
盂大夫樂霄爲銅鞮大夫趙朝爲平陽大夫僚安

為楊氏大夫謂賈辛司馬烏為有力於王室故舉之謂知徐吾趙朝韓固魏戊餘子之不失職能守業者也其四人者皆受縣而後見於魏子以賢舉也賈辛將適其縣見於魏子魏子曰辛來昔叔向適鄭鬷蔑惡欲觀叔向從使之收器者而往立於堂下一言而善叔向將飲酒聞之曰必鬷明也下執其手以上曰昔賈大夫惡娶妻而美三年不言不笑御以如皋射雉獲之其妻始笑而言賈大夫曰才之不可以已我不能射女遂不言不笑夫今

子少不颺子若無言吾幾失子矣言之不可以已也如是遂如故知今女有力於王室吾是以舉女行乎敬之哉毋墮乃力孔子聞魏子之舉也以爲義曰近不失親遠不失舉可謂義矣又聞其命賈辛也以爲忠詩曰永言配命自求多福忠也魏子之舉也義其命也忠其長有後於晉國乎左傳

戊子魯昭公二十九年年三十九

在齊

晉趙鞅荀寅帥師城汝濱遂賦晉國一鼓鐵以鑄

刑鼎著范宣子所爲刑書焉孔子曰晉其亡乎失其度矣夫晉國將守唐叔之所受法度以經緯其民卿大夫以序守之民是以能尊其貴貴是以能守其業貴賤不愆所謂度也文公是以作執秩之官爲被廬之法以爲盟主今棄是度也而爲刑鼎民在鼎矣何以尊貴貴何業之守貴賤無序何以爲國且夫宣子之刑夷之蒐也晉國之亂制也若之何以爲法左傳

弟子顏回澹臺滅明生年譜同鄭氏環曰李灼至聖編年世紀魯昭公二十

九年戊子冬十一月十一日顏子生少孔子三十八歲家語謂少孔子三十歲誤今之九月十一日其誕辰也

己丑魯昭公三十年年四十

在齊

弟子陳亢生

庚寅魯昭公三十一年年四十一

在齊

齊大旱春饑景公問於孔子曰如之何孔子曰凶年則乘駑馬力役不興馳道不修祈以幣玉祭事

不懸祀以下牲此則賢君自貶以救民之禮也家語曲禮子貢問

辛卯魯昭公三十二年年四十二

齊景公將以尼谿田封孔子晏嬰進曰夫儒者滑稽而不可軌法倨傲自順不可以為下崇喪遂哀破產厚葬不可以為俗游說乞貸不可以為國自大賢之息周室既衰禮樂廢弛今孔子盛容飾繁登降之禮趨詳之節累世不能殫其學當年不能究其禮君欲用之以移齊俗非所以先細民也後

景公敬見孔子不問其禮曰待子以季氏吾不能以季孟之閒待之齊大夫猶欲害孔子孔子聞之欲去景公亦曰吾老矣不能用也孔子遂行反乎魯孔子世家○謹按世家反乎魯下有孔子年四十二句歷聘紀年謂留齊七年據世家年三十五適齊至此正合七年之數閻氏若璩謂孔子在齊止一次以昭公二十五年甲申魯亂適齊至二十七年丙戌復反魯江氏永亦主其說然論語序說從世家與是編同當以此爲正

弟子公西華生年譜同

壬辰魯定公元年年四十三

在魯

齊有一足之鳥飛集於朝舒翅而跳齊侯怪之使使聘魯問孔子孔子曰此鳥名曰商羊水祥也昔童兒有屈其一脚振迅兩肩而跳且謠曰天將大雨商羊鼓舞今齊有之其應至矣急告民趨治溝渠修隄防將有大水爲災頃之大霖雨水溢泛諸國傷害民人唯齊有備不敗景公曰聖人之言信而有徵矣家語辨政

弟子有若生年譜同鄭氏環曰有若字子有或作子若誤

孔子編年卷二

宋　績溪胡仔元任　撰

癸巳魯定公二年年四十四

在魯

弟子卜商生年譜同

甲午魯定公三年年四十五

在魯

二月辛卯邾莊公卒本左傳　隱公卽位將冠使大夫

因孟懿子問禮於孔子孔子曰其禮如世子之冠

冠於阼階以著代也醮於客位加其有成三加彌尊導喻其志冠而字之敬其名也雖天子之元子猶士也其禮無變天下無生而貴者故也行冠事必於祖廟以祼享之禮以將之以金石之樂節之所以自卑而尊先祖示不敢擅懿子曰天子未冠即位長亦冠也（一作乎）孔子曰古者王世子雖幼其即位則尊為人君人君治成人之事者何冠之有懿子曰然則諸侯之冠異天子與孔子曰君薨而世子主喪是亦冠也已人君無所殊也懿子曰今

邾君之冠非禮也孔子曰諸侯之有冠禮也夏之末造也有自來矣今無譏焉天子冠者武王崩成王年十有三而嗣立周公居冢宰攝政以治天下明年夏六月既葬冠成王而朝于祖以見諸侯示有君也周公命祝雍作頌曰祝王辭達而勿多也祝雍辭曰使王近於民遠於年嗇於時惠於財親賢而任能其頌曰令月吉日王始加元服去王幼志服王衮職欽若昊天六合是式率爾祖考永永無極此周公之制也懿子曰諸侯之冠其所以爲

賓主何也孔子曰公冠則以卿爲賓無介公自爲主迎賓揖升自阼立于席北其醴也則如士饗之以三獻之禮既醴降自阼諸侯非公而自爲主者其所以異皆降自西階元端與皮弁異朝服素韠公冠四加元冕祭其酬幣于賓則束帛乘馬王太子庶子之冠擬焉皆天子自爲主其禮與士無變饗食賓也皆同懿子曰始冠必加緇布之冠何也孔子曰示不忘古太古冠布齊則緇之其緌也吾未之聞今則冠而敝之可也懿子曰三王之冠其

異何也孔子曰周弁殷冔夏收一也三王共皮弁素積委皃（古貌字）周道也章甫殷道也毋追夏后氏之道也（家語冠頌）

仲弓爲季氏宰問政子曰先有司赦小過舉賢才曰焉知賢才而舉之曰舉爾所知爾所不知人其舍諸（論語）

魯人爲長府閔子騫曰仍舊貫如之何何必改作

子曰夫人不言言必有中（論語）

弟子言偃生（年譜同）

乙未魯定公四年年四十六

在魯

觀魯桓公廟有欹器焉孔子問於守廟者曰此謂何器對曰此蓋爲宥坐之器孔子曰吾聞宥坐之器虛則欹中則正滿則覆明君以爲至誠故常置之於坐側顧謂弟子曰試注水焉乃注之水中則正滿則覆夫子喟然嘆曰嗚呼夫物惡有滿而不覆者哉子路進曰敢問持滿有道乎子曰聰明睿智守之以愚功被天下守之以讓勇力振世守之

以怯富有四海守之以謙此所謂損之又損之道也家語三恕○素王事記四十六歲觀欹器

弟子曾參顏幸生年譜同鄭氏環曰聖門志曾子生于周敬王十五年丙申冬魯定公五年也顏幸家語作辛

丙申魯定公五年年四十七

在魯

季桓子穿井得土缶中若羊以問孔子曰得狗孔子曰以某所聞羊也某聞之木石之怪夔罔兩本作閬水之怪龍罔象土之怪墳羊也孔子世家○江氏永曰定公五

年丙申季平子卒桓子立年譜
敘墳羊事於昭公薨之年誤矣

季氏將伐顓臾冉有季路見於孔子曰季氏將有事於顓臾孔子曰求無乃爾是過與夫顓臾昔者先王以爲東蒙主且在邦域之中矣是社稷之臣也何以伐爲冉有曰夫子欲之吾二臣者皆不欲也孔子曰求周任有言曰陳力就列不能者止危而不持顛而不扶則將焉用彼相矣且爾言過矣虎兕出於柙龜玉毀於櫝中是誰之過與冉有曰今夫顓臾固而近於費今不取後世必爲子孫憂

孔子曰求君子疾夫舍曰欲之而必爲之辭某也聞有國有家者不患寡而患不均不患貧而患不安蓋均無貧和無寡安無傾夫如是故遠人不服則修文德以來之既來之則安之今由與求也相夫子遠人不服而不能來也邦分崩離析而不能守也而謀動干戈於邦內吾恐季孫之憂不在顓臾而在蕭墻之內也論語

季桓子嬖臣曰仲梁懷與陽虎有隙陽虎欲逐懷公山不狃止之其秋懷益驕陽虎執懷桓子怒陽

虎因囚季桓子與盟而醳與釋通之陽虎自此益輕季氏孔子世家陽虎欲見孔子而惡無禮大夫有賜于士不得受之其家則往拜其門陽虎時瞯孔子之亡也而饋孔子烝豚孔子亦時其亡也而往拜之遇諸塗謂孔子曰來予與爾言曰懷其寶而迷其邦可謂仁乎曰不可好從事而亟失時可謂智乎曰不可日月逝矣歲不我與孔子曰諾吾將仕矣以上本孟子論語有刪潤

魯君臣上下皆失其正故孔子不仕退而修詩書禮樂鄭氏環曰孔子刪詩書定禮樂皆哀十一年自衛反魯後事此

特修之以爲弟子論習之資而已曰加我數年五十以學易可以無大過矣弟子至自遠方學業者益衆本孔子世家論語有刪潤

互鄉難與言童子見門人惑子曰與其進也不與其退也唯何甚人潔己以進與其潔也不保其往也論語

丁酉魯定公六年年四十八

在魯

闕黨童子將命或問之曰益者與子曰吾見其居

於位也見其與先生竝行也非求益者也欲速成者也論語

孔子之故人曰原壤其母死夫子助之沐椁原壤登木曰久矣予之不託於音也歌曰貍首之班然執女手之卷然夫子爲弗聞也者而過之從者曰子未可以已乎夫子曰某聞之親者毋失其爲親也故者毋失其爲故也禮記檀弓

弟子顓孫師生年譜同謹按師字子張史記家語俱云陳人家語又有琴牢字子牢一字子張衛人即論語之牢及左傳孟子之琴張是也琴是姓趙岐注孟子云子張善鼓琴號曰琴

張文引論語師也辟是誤合爲一人

戊戌魯定公七年年四十九

在魯

定公問於孔子曰二三大夫皆勸寡人使隆敬於高年何也孔子對曰君之及此言將天下實賴之豈唯魯哉公曰何也其義可得聞乎孔子曰昔者有虞氏貴德而尚齒夏后氏貴爵而尚齒殷人貴富而尚齒周人貴親而尚齒虞夏殷周天下之盛王也未有遺年者焉年之貴於天下久矣次于事

親是故朝廷同爵則尚齒七十杖於朝君問則席八十則不俟（仕一作）朝君問則就之而悌達乎朝廷矣其行也肩而不竝不錯則隨班白者不以其任行於道路而悌達乎道路矣居鄉以齒而老窮不遺（匱一作）強不犯弱衆不暴寡而悌達乎州巷矣古之道五十不爲甸役頒禽隆之長者而悌達乎蒐狩矣軍旅什伍同爵則尚齒而悌達乎軍旅矣夫聖王之教孝悌發諸朝廷行於道路至于州巷放於蒐狩循于軍旅則衆感（戚一作）以義死之而弗敢

犯公曰善哉家語正論解

孔子之畜狗死使子貢埋之曰吾聞之也敝帷不棄爲埋馬也敝蓋不棄爲埋狗也某也貧無蓋於其封也亦予之席毋使其首陷焉禮記檀弓

魯公索氏將祭而亡其牲孔子聞之曰公索氏不及二年將亡後一年而亡門人問曰昔公索氏亡其祭牲而夫子曰不及二年必亡今過期而亡夫子何以知其然孔子曰夫祭者孝子所以自盡於其親將祭而亡其牲則其餘所亡者多矣若此而

不亡者未之有也家語好生

弟子宓不齊生年譜同

己亥魯定公八年年五十

在魯

陽虎將殺三桓不克出奔齊謹按據左傳陽虎是年不克入讙陽關以叛奔齊在定九年此爲終言之

公山不狃爲費宰不得志於季氏與虎同謀以費叛召孔子江氏永曰不狃與陽虎共謀去三桓故論語以爲畔其實未嘗據邑與兵也鄭氏環曰不狃之召當在定八年冬陽虎入讙陽關以叛之時不狃隱以費貳廢若十二年之叛夫子已爲司寇九年春亦已爲中都宰史記繫之陽虎奔齊之後非

孔

子欲往子路不說孔子曰夫召我者而豈徒哉如有用我者吾其爲東周乎然卒不行時陽虎奔齊故孔子曰天下有道則禮樂征伐自天子出天下無道則禮樂征伐自諸侯出自諸侯出蓋十世希不失矣自大夫出五世希不失矣陪臣執國命三世希不失矣本左傳孔子世家論語有刪潤

叔孫武叔語大夫於朝曰子貢賢於仲尼子服景伯以告子貢子貢曰譬之宮墻賜之墻也及肩窺見室家之好夫子之墻數仞不得其門而入不見

宗廟之美百官之富得其門者或寡矣夫子之云不亦宜乎叔孫武叔毀仲尼子貢曰無以爲也仲尼不可毀也他人之賢者邱陵也猶可踰也仲尼日月也無得而踰焉人雖欲自絕其何傷於日月乎多見其不知量也論語

魯用天子禮樂而季氏僭用於家故孔子曰八佾舞於庭是可忍也孰不可忍也三家者以雍徹子曰相維辟公天子穆穆奚取於三家之堂論語有增潤。馬注魯以周公故受天子禮樂有八佾之舞季桓子僭於其家廟舞之謹按首二句本此增讀易韋編三絕爲彖象文言繫辭以發其秘夫敘書則斷堯典論詩則首周南約魯史而修春秋贊易道而除八索皆因前聖之事以立先王之教故曰述而不作信而好古竊比於我老彭本孔子世家家語論語有刪潤○鄭氏環曰孔子昭公二十五年後定公八年前俱不仕始則不欲與逐君之平子共事繼則不欲與執國命之陽貨共事

弟子叔仲會冉儒曹卹伯虔生年譜同

庚子魯定公九年年五十一謹按孔子世家定公九年孔子年五十當作五十一葢脫一字

定公以孔子爲中都宰本孔子世家制爲養生送死之節長幼異食强弱異任男女別塗道無拾遺器不雕僞爲四寸之棺五寸之槨因邱陵爲墳不封不樹行之一年而四一作西方之諸侯則焉定公謂孔子曰學子此法以治魯國何如孔子對曰雖天下可也一作乎何但魯國而已哉家語相魯○江氏永曰世家敘宰中都於陽虎奔齊之後歷聘紀年在五十一歲是定公九年也爲司空司寇在十年皆繫遷

陽虎既奔齊復奔晉適趙氏孔子聞之謂子路曰趙氏其世有亂乎子路曰權不在焉豈能爲亂孔

子曰非汝所知夫陽虎親富而不親仁有寵於季氏又將殺之不克而奔求容於齊齊人囚之乃亡歸晉是齊魯二國已去其疾趙簡子好利而多信必溺其說而從其謀禍敗所終非一世可知也家語

辯物

季平子卒將以君之璵璠斂贈以珠玉孔子此下本有初爲中都宰五字聞之歷級而救焉曰送而以寶玉是猶暴尸於中原也其示民以姦利之端而有害於死者安用之且孝子不順情以危親忠臣不兆姦以

陷君乃止家語子夏問

孔子嘗助祭入大廟包注大廟周公廟孔子仕魯而助祭也每事問或曰孰謂鄹人之子知禮乎入太廟每事問子聞之曰是禮也論語有增潤

辛丑魯定公十年年五十二

孔子由中都宰爲司空孔子世家乃別五土之性而物各得其所生之宜由司空爲大司寇家語相魯○閻氏若璩曰侯國司寇無大稱史記家語作大司寇非也謹按左傳無大字斷獄訟皆進衆議者而問之曰子以爲奚若某以爲何若皆曰云云

如是然後夫子曰當從某子議（一作幾）是（以上家語好生）時有父子訟者夫子同狴執之三月不別其父請止夫子赦之焉季孫聞之不說曰司寇欺余曩告余曰國家必先以孝余今戮一不孝以教民孝不亦可乎而又赦何哉冉有以告孔子孔子喟然嘆曰嗚呼上失其道而殺其下非理也不教以孝而聽其獄是殺不辜也三軍大敗不可斬也獄犴不治不可刑也何者上教之不行罪不在民故也夫慢令勤（一作謹）誅賊也徵斂無時暴也不試責成虐也

政無此三者然後刑可卽也書云義刑義殺勿庸以卽汝心惟曰未有愼事言必教而後刑也旣陳道德以先服之而猶不可尚賢以勸之又不可卽廢之又不可而後以威憚之若是三年而百姓正矣其有邪民不從化者然後待之以刑則民咸知罪矣詩云天子是毗俾民不迷是以威厲而不試刑錯而不用今世則不然亂其教繁其刑使民迷惑而陷焉又從而制之故刑彌繁而道不勝也夫三尺之限空車不能登者何哉峻故也百仞之山

重載陟焉何哉陵遲故也今世俗之陵遲久矣雖有刑法民能勿踰乎家語始誅

孔子見季桓子原本作孔子爲魯司寇見季康子王注康子當爲桓子季桓子不説孔子又見之宰予進曰昔予也嘗聞諸夫子曰王公不我聘則弗動今夫子之於司寇也日少而屈節數矣不可以已乎孔子曰然魯國以衆相陵以兵相暴之日久矣而有司不治則將亂也其聘我者孰大於是哉魯人聞之曰聖人將治何不先自遠刑罰自此之後國無爭者家語子路初見

先時季氏葬昭公于墓道之南孔子溝而合之墓謂季桓子曰貶君以彰已罪非禮也今合之所以揜夫子之不臣家語相魯○謹按家語繫于爲司空之後在爲司寇前此據左傳云孔子之爲司寇也溝而合諸墓故繫於爲司寇之後

定公春及齊平夏齊大夫犂鉏左傳作犂彌言于景公曰魯用孔某其勢危齊乃使使告魯爲好會會於夾谷魯定公將以乘車好往孔子攝相事曰臣聞有文事者必有武備有武事者必有文備古者諸侯出疆必具官以從請具左右司馬定公許之以上

本孔子世家犂彌言於齊侯曰孔某知禮而無勇若使萊人以兵刼魯侯必得志焉齊侯從之本左傳至會所爲壇位土階三等以遇禮相見遜揖而登獻酢旣畢齊使萊人以兵鼓譟刼定公孔子歷階而進以公退曰士兵之兩君好合而裔夷之俘以兵亂之非齊君所以命諸侯也裔不謀夏夷不亂華俘不干盟兵不偪好於神爲不祥於德爲愆義於人爲失禮君必不然齊侯心怍麾而避之有頃齊奏宮中之樂俳優侏儒戲於前孔子趨進歷階而上

不盡一等曰匹夫熒惑一作侮諸侯者罪應誅請右司馬速加刑焉於是斬侏儒手足異處齊侯懼有慙色將盟齊人加載書曰齊師出境而不以甲車三百乘從我者有如此盟孔子使茲無還對曰而不返我汶陽之田吾以供命者亦如之齊侯將享公孔子謂梁邱據曰齊魯之故吾子何不聞焉事既成矣而又享之是勤執事且犧象不出門嘉樂不野合享而既具是棄禮也若其不具是用秕稗也用秕稗君辱棄禮名惡子盍圖之夫享所以昭

德也不昭不如其已也乃不果享齊侯歸責其羣

臣曰以上本家語相魯○內有與左傳同者多從左傳魯以君子之道輔

其君而子獨以夷狄之道教寡人使得罪於魯君

奈何有司進曰君子有過則謝以質小人有過則

謝以文君若悼之則謝以實本孔子世家於是齊侯乃

歸我鄆讙龜陰之田本左傳

壬寅魯定公十一年年五十三

孔子與於蜡賓鄭注時孔子仕魯在助祭之中事畢出遊於觀之

上喟然而嘆孔子之嘆蓋嘆魯也言偃在側曰君

子何嘆孔子曰大道之行也與三代之英某未之逮也而有志焉大道之行也天下爲公選賢與能講信修睦故人不獨親其親不獨子其子使老有所終壯有所用幼有所長矜寡孤獨廢疾者皆有所養男有分女有歸貨惡其棄於地也不必藏於己力惡其不出於身也不必爲己是故謀閉而不興盜竊亂賊而不作故外戶而不閉是謂大同今大道既隱天下爲家各親其親各子其子貨力爲己大人世及以爲禮城郭溝池以爲固禮義以爲

紀以正君臣以篤父子以睦兄弟以和夫婦以設制度以立田里以賢勇智以功爲己故謀用是作而兵由此起禹湯文武成王周公由此其選也此六君子者未有不謹於禮者也以著其義以考其信著有過型仁講讓示民有常如有不由此者在埶者去衆以爲殃是謂小康言偃復問曰如此乎禮之急也孔子曰夫禮先王以承天之道以治人之情故失之者死得之者生詩云相鼠有體人而無禮人而無禮胡不遄死是故夫禮必本於天殽

於地列於鬼神達於喪祭射御冠昏朝聘故聖人以禮示之故天下國家可得而正也言偃復問曰夫子之極言禮也可得而聞與孔子曰我欲觀夏道是故之杞而不足徵也吾得夏時焉我欲觀殷道是故之宋而不足徵也吾得坤乾焉坤乾之義夏時之等吾以是觀之夫禮之初始諸飲食其燔黍捭豚汙尊而抔飲蕢桴而土鼓猶若可以致其敬於鬼神及其死也升屋而號告曰皋某復然後飯腥而苴孰故天望而地藏也體魄則降知氣在

上故死者北首生者南鄉皆從其初昔者先王未有宮室冬則居營窟夏則居橧巢未有火化食草木之實鳥獸之肉飲其血茹其毛未有麻絲衣其羽皮後聖有作然後修火之利范金合土以爲臺榭宮室牖戶以炮以燔以烹以炙以爲醴酪治其麻絲以爲布帛以養生送死以事鬼神上帝皆從其朔故元酒在室醴醆在戶粢醍在堂澄酒在下陳其犧牲備其鼎俎列其琴瑟管磬鐘鼓修其祝嘏以降上神與其先祖以正君臣以篤父子以睦

兄弟以齊上下夫婦有所是謂承天之祜作其祝號元酒以祭薦其血毛腥其俎孰其殽與其越席疏布以冪衣其澣帛醴醆以獻薦其燔炙君與夫人交獻以嘉魂魄是謂合莫然後退而合亨體其犬豕牛羊實其簠簋籩豆鉶羹祝以孝告嘏以慈告是謂大祥此禮之大成也禮記禮運

弟子公孫龍生謹按公孫龍字子石家語云衛人戰國時又有公孫龍字子秉爲堅白異同之辨者是趙人

癸卯魯定公十二年年五十四

孔子爲司寇言於定公曰臣無藏甲大夫無百雉之城本孔子世家今三家過制請皆損之乃使本家語相魯仲由爲季氏宰將墮三都於是叔孫氏墮郈季氏將墮費公山不狃叔孫輒帥費人以襲魯論語補箋左傳定八年陽虎之亂不狃因之欲以費應後虎敗奔齊不狃叛迹未彰故季氏猶用爲費宰至十二年帥費人襲魯則眞叛矣孔注以不狃之召子爲在陽虎作亂時當是是時不狃未顯叛而論語書曰叛者誅其心也不然豈有叛迹既彰而子猶欲應召也哉公與三子入于季氏之宫登武子之臺費人攻之弗克入及公側仲尼命申句須樂頎下伐之杜注仲尼時爲司寇孔疏定十年會于夾谷時已爲

司寇矣　費人北國人追之敗諸姑蔑二子奔齊遂墮費將墮成公斂處父謂孟孫墮成齊人必至於北門且成孟氏之保障也無成是無孟氏也子僞不知我將不墮冬十二月公圍成弗克　左傳○謹按據左傳墮三都在定十二年史記繫於十三年誤

子路使子羔爲費宰子曰賊夫人之子子路曰有民人焉有社稷焉何必讀書然後爲學子曰是故惡夫佞者　論語

廏焚孔子退朝曰傷人乎不問馬乃之火所鄉人

有爲火來者則拜之士一大夫再子貢曰敢問何也孔子曰其來也亦相弔之道也吾爲有司則作一故拜之本論語家語曲禮子貢問○謹按家語本云孔子爲大司寇國廄焚子退朝而之火所是以廄爲公家之廄也論語釋文載王弼注亦云廄公廄鄭注邢疏皆以爲孔子家廄

定公問君使臣臣事君如之何孔子對曰君使臣以禮臣事君以忠又問一言而可以興邦有諸對曰言不可以若是其幾也人之言曰爲君難爲臣不易如知爲君之難也不幾乎一言而興邦乎曰一言而喪邦有諸對曰言不可以若是其幾也人

之言曰予無樂乎爲君唯其言而莫予違也如其善而莫之違也不亦善乎如不善而莫之違也不幾乎一言而喪邦乎論語有刪潤

子路爲季氏宰季氏祭逮闇而祭日不足繼之以燭雖有強力之容肅敬之心皆倦怠矣有司跛倚以臨祭其爲不敬大矣他日祭子路與室事交乎戶堂事交乎階質明而始行事晏朝而退孔子聞之曰誰謂由也而不知禮乎禮記禮器

原思爲之宰與之粟九百辭子曰毋以與爾鄰里

鄉黨乎論語○包注孔子爲魯司寇以原憲爲家邑宰

甲辰魯定公十三年年五十五

爲大司寇

孟懿子問孝子曰無違樊遲御子告之曰孟孫問孝於我我對曰無違樊遲曰何謂也子曰生事之以禮死葬之以禮祭之以禮論語

定公問於顏回曰子亦聞東野畢之善御乎對曰善則善矣雖然其馬將必佚定公色不悅謂左右曰君子固有誣人也顏回退後三日牧來訴之曰

東野畢之馬佚兩驂曳兩服入于廄公聞之越席而起促駕召顏回回至公曰前日寡人問吾子以東野畢之御而子曰善則善矣其馬將佚不識吾子奚以知之顏回對曰以政知之昔者帝舜巧于使民造父巧于使馬舜不窮其民力造父不窮其馬力是以舜無佚民造父無佚馬今東野畢之御也升馬執轡銜體正矣步驟馳騁朝禮畢矣歷險致遠馬力盡矣然而猶乃求馬不已臣以此知之公曰善哉若吾子之言也吾子之言其義大矣願

少進乎顏回曰臣聞之鳥窮則啄獸窮則攫人窮則詐馬窮則佚自古及今未有窮其下而能無危者也公悅遂以告孔子孔子對曰夫其所以為顏回者此之類也豈足多哉家語顏回

定公問於孔子曰古之帝王必郊祀其祖以配天何也孔子對曰萬物本于天人本于祖郊之祭也大報本反始也故以配上帝天垂象聖人則之郊所以明天道也公曰寡人聞郊而莫同何也孔子曰郊之祭也迎長日之至也大報天而主日配以

月故周之始郊其月以日至其日用上辛至于啓蟄之月則又祈穀于上帝此二者天子之禮也魯無冬至大郊之事降殺於天子是以不同也公曰其言郊何也孔子曰兆丘於南所以就陽位也於郊故謂之郊焉曰其牲器何如孔子曰上帝之牛角繭栗必在滌三月后稷之牛唯具所以別事天神與人鬼也牲用騂尚赤也用犢貴誠也埽地而祭貴其質也器用陶匏以象天地之性也萬物無可以稱之者故因其自然之體也公曰天子之郊

其禮儀可得聞乎孔子對曰臣聞天子卜郊則受命于祖廟而作龜于禰宮尊祖親考之義也卜之日王親立于澤宮以聽誓命受教諫之義也旣卜獻命庫門之內所以誡百官也將郊則供天子皮弁以聽報示民嚴上也郊之日喪者不敢哭凶服者不敢入國門氾掃清路行者畢止弗命而民聽敬之至也天子大裘以黼之被袞象天乘素車貴其質也旂十有二旒龍章而設以日月所以法天也旣至泰壇王脫以裘矣服袞以臨燔柴戴冕藻

十有二旒則天數也臣聞之誦詩三百不足以一獻一獻之禮不足以大饗大饗之禮不足以大旅大旅具矣不足以饗帝是以君子無敢輕議於禮者也家語郊問

鄉人儺孔子朝服立于阼階謹按論語作鄉人儺朝服而立於阼階禮記作鄉人禓孔子朝服立于阼論語補箋夫子時爲大夫大夫朝服以祭故用祭服以依神

孔子編年卷二

孔子編年卷三

宋　績溪胡仔元任　撰

乙巳魯定公十四年年五十六

孔子由大司寇攝行相事有喜色仲由問曰由聞君子禍至不懼福至不喜今夫子得位而喜何也孔子曰然有是言也不曰樂以其貴下人乎於是秉政七日誅魯大夫亂政者少正卯於兩觀之下子貢進曰夫少正卯魯之聞人也今夫子爲政而遽誅之或者爲失乎孔子曰居吾語汝天下有大

惡者五而竊盜不與焉一曰心逆而險二曰行僻而堅三曰言僞而辯四曰記醜而博五曰順非而澤此五者有一於人則不免君子之誅而少正卯皆兼有之其居處足以聚徒成黨其談說足以飾褒瑩衆其強禦足以反是獨立此乃人之奸雄者也不可以不除夫殷湯誅尹諧文王誅潘正周公誅管蔡太公誅葉本作華士管仲誅付乙子產誅史何凡此六主今作七子誤皆異世而同誅者以七子異世而同惡故不可赦也以上家語始誅與聞國政三月粥

羔豚者弗飾賈男女行者別於塗塗不拾遺四方之客至於邑者不求有司皆予之以歸齊人聞而懼曰孔子爲政必霸霸則吾地近焉我爲之今作之爲誤先并矣盍致地焉犂鉏曰請先嘗沮之沮之而不可則致地庸遲乎於是選齊國中女子好者八十八皆衣文衣而舞康樂文馬三十匹今作駟遺魯君陳女樂文馬於魯城南高門外季桓子微服往觀再三將受乃語魯君爲周道游往觀終日怠於政事子路曰夫子可以行矣孔子曰魯今且郊如

致膰於大夫則吾猶可以止桓子卒受齊女樂三日不聽政郊又不致膰於大夫孔子遂行宿於屯而師已送曰夫子則非罪孔子曰吾歌可夫歌曰彼婦之口可以出走彼婦之謁可以死敗蓋優哉游哉聊本作維以卒歲師已反桓子曰孔子亦何言師已以實告桓子喟然嘆曰夫子罪我以羣婢故也夫國孔子世家○謹按攝行相事誅少正卯與聞十四年江氏永謂春秋定十三年夏築蛇淵囿大蒐比蒲皆非時勞民之事夫子必不在位又據魯郊常在春以爲去魯實在十三年春史記孔子世家既書女樂去魯事于定十四年而魯世家又書

于定十二年衛世家又于靈公三十八年書孔子來祿之如魯當魯定十三是自相牴牾也論語序說從孔子世家與先編同當以此爲正○孔庭摘要五十六歲攝行相事齊人歸女樂去魯適衛

子適衛冉有僕子曰庶矣哉冉有曰既庶矣又何加焉曰富之曰既富矣又何加焉曰教之論語至衛主於子路妻兄顏讎由孔子世家○按本作濁鄒此作讎由據孟子衛之執政有欲孔子昵己者於是大夫王孫賈問曰與其媚於奧寧媚於竈何謂也孔注賈執政者欲使孔子求昵之謹按以上衛之執政云云係本此增子曰不然獲罪於天無所禱也

儀封人請見曰君子之至於斯也吾未嘗不得見

也從者見之出曰二三子何患於喪乎天下之無道也久矣天將以夫子爲木鐸論語有增潤○閻氏若璩曰孔子時衛都濮陽生平凡五至衛焉第一去魯司寇輒適衛第二將適陳過匡過蒲皆不出衛境而反衛第三過曹而宋而鄭而陳仍適衛第四將西見趙簡子未渡河而反衛第五如陳而蔡而葉復如蔡而楚仍反乎衛儀邑城在衛西南境距其國五百餘里不知孔子先至國而後儀邑或由儀邑而國都皆不可知要爲第一次適衛時事則無疑鄭氏環曰此夫子周流之始而第一次適衛也庶哉之嘆儀封人之見當在此時

衛公孫朝問於子貢曰仲尼焉學子貢曰文武之道未墜於地在人賢者識其大者不賢者識其小

者莫不有文武之道焉夫子焉不學而亦何常師之有論語

衛靈公問孔子居魯得祿幾何對曰奉粟六萬衛人亦致粟六萬居頃之或譖孔子於衛靈公靈公使公孫余假一出一入孔子恐獲罪焉居十月去衛將適陳謹按金仁山以此爲孔子適陳之始汪氏份曰孔子去衛將適陳過匡被圍圍解過蒲月餘反衛匡蒲皆衛邑距衛都甚近既自蒲反衛蓋是年欲適陳而不果矣仁山謂孔子實已至陳考之未審也

過匡顏刻爲僕以其策指之曰昔吾入此由彼缺也匡人聞之以爲魯之陽虎陽虎嘗暴

匡人匡人於是遂止孔子孔子狀類陽虎拘焉禮記檀弓疏陽虎嘗侵暴於匡時孔子弟子顏刻爲陽虎御車後孔子亦使刻御車從匡過孔子與陽虎又相似故匡人謂孔子爲陽虎因圍之五日顏淵後子曰吾以汝爲死矣顏淵曰子在回何敢死匡人拘孔子益急弟子懼孔子曰文王既沒文不在茲乎天之將喪斯文也後死者不得與於斯文也天之未喪斯文也匡人其如予何孔子使從者爲甯武子臣於衛家語子路彈琴而歌孔子和之曲三終匡人解甲而罷江氏永曰解圍當從家語此時豈有甯武子然後得去孔子世家

過蒲子路時爲蒲大夫孔子入其境（以上有刪潤）曰善哉由也恭敬以信矣入其邑曰善哉由也忠信以寬矣至庭曰善哉由也明察以斷矣子貢執轡而問曰夫子未見由之政而三稱其善其善可得聞乎孔子曰吾見其政矣入其境田疇盡易草萊甚辟溝洫深治此其恭敬以信故其民盡力也入其邑墻屋完固樹木甚茂此其忠信以寬故其民不偷也至其庭庭甚清閒諸下用命此其明察以斷故其政不擾也以此觀之雖三稱其善庸盡其善

乎家語辯政在蒲時子路爲水備與其民修溝瀆以民之勞煩苦也人與之一簞食一壺漿孔子聞之使子貢止之子路忿然不悅往見孔子曰由也以暴雨將至恐有水災故與民修溝洫以備之而民多匱餓者是以簞食壺漿而與之夫子使賜止之是夫子止由之行仁也夫子以仁教而禁其行由不受也孔子曰汝以民爲餓也何不白於君發倉廩以賑之而私以爾食饋之是汝明君之無惠而見已之德美矣汝速已則可否則汝之見罪必矣家語

致思居月餘復反於衛主蘧伯玉本孔子世家○謹按此第二次至衛

孔子嘗稱蘧伯玉曰君子哉邦有道則仕邦無道則可卷而懷之本論語有增潤衛靈公夫人南子使人謂孔子曰四方之君子不辱欲與寡君爲兄弟者必見寡小君寡小君願見孔子孔子辭謝不得已而見之夫人在絺帷中孔子入門北面稽首夫人自帷中再拜環珮玉聲璆然孔子曰吾鄉爲弗見見之禮答焉子路不悅孔子矢之曰吾所否者天厭之天厭之在衛月餘靈公與夫人同車宦者雍渠參乘

出使孔子爲次乘招搖過市孔子曰吾未見好德如好色者也於是醜之而去孔子世家

去衛過曹適宋孔子世家○江氏永曰去衛過曹適宋地相接也然史記云是歲魯定公卒則是十五年恐不然當是十四年謹按江氏以孔子去魯爲在十三年故以過曹適宋爲在十四年此從孔子世家以歸女樂去魯爲在十四年據孔子世家去魯適衛居十月去衛過匡過蒲一月餘反衛又居月餘去衛過曹去曹適宋則恐非一年中事疑此或因史記文相連而彙編於此詳後

見宋君宋君問孔子曰吾欲使長有國而列都得之吾欲使民無惑吾欲使士竭力吾欲使日月當時吾欲使聖人自來吾欲使官府治理爲之柰

何孔子對曰千乘之君問某者多矣而未有若主君之問某之悉也然主君所欲者盡可得也某聞之鄰國相親則長有國君惠臣忠則列都得之不殺無辜無釋罪人則民不惑士益之祿則皆竭力尊天敬神則日月當時崇道貴德則聖人自來任能黜否則官府治理宋君曰善哉豈不然乎寡人不佞不足以致之也孔子曰此事非難唯欲行之云耳家語賢君

在宋與弟子習禮大樹下宋司馬桓魋欲害孔子

拔去其樹孔子去弟子曰可以速矣孔子曰天生德於予桓魋其如予何孔子世家○朱子曰在宋有天生德語及微服過宋事謹按史記十二諸侯年表書孔子過宋桓魋惡之于宋景公二十五年宋景二十五當魯哀三誤

自宋適鄭與弟子相失獨立鄭東門人或謂子貢曰東門有人其顙似堯其項類皋陶其肩類子產然自腰以下不及禹三寸纍纍若喪家之狗子貢以告孔子欣然笑曰形狀末也而似喪家之狗然哉然哉孔子世家有刪潤

丙午魯定公十五年年五十七孔庭摘要五十七歲自鄭適陳

自鄭適陳主於司城貞子

汪氏份曰孔子微服過宋適陳在魯定公十五年居陳三載至哀公二年反衛尋適晉臨河而反復如衛又自衛如陳至哀公四年乃自陳適蔡此五年之中孔子凡兩番至陳謹按閻氏若璩亦以孔子二次在陳定公十五年爲孔子至陳之始金仁山謂孔子三至陳非○孟子主司城貞子爲陳侯周臣趙注司城貞子宋卿也閻氏若璩曰司城貞子若爲陳官孟子則當書曰是時孔子當阨主陳司城貞子與上文於衛主顏讐由同一書法矣何必先繫其官及謚然後歸於爲陳之臣乎正以本爲宋卿由宋而流於陳今爲陳臣故得爲孔子之主人所以書法繁重委折而下如是謹按左傳宋以武公諱廢司空爲司城故司城爲宋官以宋官而臣於陳故著其爲陳臣也陳侯周即懷公子湣公史記湣公名越索隱湣公名周當從孟子

有隼集於陳廷而死楛矢貫之石砮矢長尺有咫

陳湣公使使問仲尼仲尼曰隼來遠矣此肅慎氏之矢也昔武王克商通道九夷百蠻使各以其方賄來貢以無忘職業於是肅慎貢楛矢石砮長尺有咫先王欲昭其令德以肅慎矢分大姬配虞胡公而封諸陳分同姓以珍玉展親也分異姓以遠方職貢使無忘服也故分陳以肅慎矢試求之故府果得之孔子世家

邾隱公朝於魯子貢觀焉邾子執玉高其容仰公受玉卑其容俯子貢曰以禮觀之二君者皆有死

亡焉夫禮死生存亡之體也將左右周旋進退俯仰於是乎取之朝祀喪戎於是乎觀之今正月相朝而皆不度心已亡矣嘉事不體何以能久高仰驕也卑俯替也驕近亂替近疾君爲主其先亡乎

夏五月定公薨孔子曰賜不幸言而中是使賜多言者也左傳○江氏永曰據史記年表陳世家至陳當定十四於是子貢反魯十五年春有

觀邾子執玉之事五月公薨夫子言賜不幸言而中在陳言之也謹按孔子世家以攝行相事與聞國政三月歸女樂去魯同敘于定十四年則去魯必不在正月也又孔子以郊膰不至去魯而魯郊常在三月則去魯當以三月可知去魯適衛居十月而後去衛過匡過蒲月餘反衛又月餘而去衛

過曹豈皆一年事孔子世家于過曹下接云是歲魯定公卒明其在十五年也去曹適宋適鄭至陳則皆敘于定公卒之後竊疑據史記自去衛過匡而下當爲定十五年五月以前事去曹適宋而下當爲五月以後事江氏因孔子適鄭有鄭人或謂子貢語十五年春子貢又有在魯覲朝之事因謂至陳在十四年於是子貢反魯又以夫子言賜不幸爲在陳言之皆屬臆擬之辭不知適鄭至陳在五月後子貢以正月在魯而後從夫子適諸國何不可乎是編紀邾子來朝事在適陳後者以上皆出孔子世家故欲使敘次相承也又按適陳斷在十五年史記年表陳世家于湣公六年當魯定十四年書適陳與孔子世家異蓋誤

丁未魯哀公元年年五十八

在陳

陳司敗問昭公知禮乎孔子曰知禮孔子退揖巫馬期而進之曰吾聞君子不黨君子亦黨乎君取於吳爲同姓謂之吳孟子君而知禮孰不知禮巫馬期以告孔子曰某也幸苟有過人必知之（論語）

戊申魯哀公二年年五十九（孔庭摘要五十九歲適衛適晉及河反衛如陳）居陳已三歲會晉楚爭彊更伐陳及吳侵陳陳常被寇（此下史記本有孔子曰歸與歸與吾黨之小子狂簡進取不忘其初數語此不錄說見後）孔子於是去陳將復適衛過蒲（史記本作於是孔子去陳過蒲家語作孔子適衛路出于蒲）會公叔氏以蒲畔蒲人止孔子弟子

有公良孺者以私車五乘從孔子其爲人長賢有勇力謂曰吾昔從夫子遇難於匡今又遇難於此命已矣一作也已吾與夫子再罹難寧鬬而死挺劍合衆將與之戰八字本家語困誓史記無蒲人懼謂孔子曰苟毋適衛吾出子與之盟出孔子東門孔子遂適衛謹按此第三次適衛子貢曰盟可負耶孔子曰要盟也神不聽孔子世家○江氏永曰莊子言削迹於衛或在此時

衛靈公聞孔子來喜郊迎問曰蒲可伐乎對曰可靈公曰吾大夫以爲不可今蒲衛之所以待晉楚

也以衛伐之無乃不可乎孔子曰其男子有死之志婦人有保西河之志吾所伐者不過四五人靈公曰善然不伐蒲是時靈公老怠於政不用孔子孔子嘆曰苟有用我者期月而已可也三年有成以上孔子世家

擊磬於衛有荷蕢而過門者曰有心哉擊磬乎既而曰鄙哉硜硜乎莫己知也斯己而已矣深則厲淺則揭孔子聞之曰果哉末之難矣本論語有刪潤

自衛將適晉趙簡子攻范中行伐中牟佛肸以中牟叛召孔子孔子欲往子路曰由聞諸夫子親

於其身爲不善者君子不入也佛肸以中牟叛子之往也如之何孔子曰有是言也不曰堅乎磨而不磷不曰白乎湼而不緇吾豈匏瓜也哉焉能繫而不食本孔子世家有刪潤

學鼓琴於師襄子十日不進師襄子曰可以益矣曰某習其曲矣未得其數也有間曰已習其數可以益矣曰某未得其志也有間曰已習其志可以益矣曰某未得其爲人也有間曰有所穆然而深思焉有所怡然高望而遠志焉曰某得其爲人矣

黮然而黑頎然而長眼如望羊心如王四國非文王其孰能爲此也師襄子辟席再拜曰師葢云文王操也孔子世家有刪潤○索隱師襄子魯人即擊磬襄閻氏若璩曰孔子在衛年五十九時學鼓琴師襄子世家一則曰師襄子再則曰師襄子三則曰師襄子與論語曰襄者自別一人且論語之襄乃魯伶官日以擊磬爲職守豈容抽身至衛俾孔子從之學乎謹按歷聘紀年二十八歲學琴于師襄亦誤

適晉至河聞趙簡子殺竇鳴犢舜華臨河而嘆曰美哉水洋洋乎某之不濟此命也夫子貢趨而進曰敢問何謂也孔子曰竇鳴犢舜華晉之賢大夫

也趙氏未得志之時須此兩人而後從政及其得志殺之乃從政某聞之也刳胎殺天則麒麟不至其郊竭澤而漁則蛟龍不處其淵覆巢毀卵則鳳凰不翔其邑何則諱傷其類也夫鳥獸之於不義也尚知辟之而況乎某哉乃還息於陬鄉作陬操以哀之反於衛謹按此第四次適衛復主蘧伯玉他日靈公問陳於孔子孔子對曰俎豆之事則嘗聞之矣軍旅之事未之學也明日與孔子語見蜚鴈仰視之色不在孔子孔子遂行復如陳孔子世家○內與世家異字者多從

家語○索隱此魯哀二年也

己酉魯哀公三年年六十編年世紀是歲孫伋生少孔子五十九歲

在陳

魯桓宮僖宮災孔子聞之曰其桓僖乎本春秋左傳陳侯曰何以知之孔子曰禮祖有功而宗有德故不毀其廟焉今桓僖之親盡矣又功德不足以存其廟而魯不毀是以天災加之三日魯使至問焉則桓僖也陳侯謂子貢曰吾乃今知聖人之可貴對曰君之知之可矣未若專其道而行其化之善也

家語辯物

秋季桓子病春秋哀三年七月丙子季孫斯卒輦而見魯城喟然嘆曰昔此國幾興矣以吾獲罪於孔子故不興也顧謂其嗣康子曰我卽死若必相魯相魯必召仲尼後數日桓子卒康子代立已葬欲召仲尼公之魚曰昔吾先君用之不終終爲諸侯笑今又用之不能終是再爲諸侯笑康子曰則誰召而可曰必召冉求於是使使召冉求冉求將行孔子曰魯人召求非小用之將大用之也是日孔子曰歸與本作

乎下同歸與吾黨之小子狂簡斐然成章不知所以
裁之子貢知孔子思歸送冉求因誡曰卽用以孔
子爲招云孔子世家○朱子曰史記以論語歸與之歎爲在此時又以孟子所記歎辭爲主司城貞子時語疑不然蓋語孟所記本皆此一時語而所記有異同耳閻氏若璩曰孔子在陳凡二次一居於魯定公十五年丙午哀公元年丁未二年戊申一居于哀公二年戊申三年己酉四年庚戌史記世家竝載有歸與之辭一同孟子一同論語余謂三年己酉載者得之魯使使召冉求求將行是日孔子曰歸乎歸乎吾黨之小子狂簡云云蓋與起于魯之召求之歸于情事爲得惜乎錯簡複出於二年戊申云謹按是編於二年削而不錄而特存其辭於此有以夫

庚戌魯哀公四年年六十一孔庭摘要六十一歲自陳如蔡

自陳適（史記作遷）蔡 孔子世家○江氏永曰按此哀四年事也是時蔡已遷于州來上蔡新蔡故地已屬楚葉公兼治之遷蔡蓋就葉公

辛亥魯哀公五年年六十二 孔庭摘要六十二歲自蔡如葉

自蔡如葉 孔子世家○謹按世家云冉求既去明年孔子自陳遷于蔡是哀四年也又云明年孔子自蔡如葉是哀五年也鄭氏環曰此蓋葉公招而應之江氏永曰是時楚昭王賢葉公亦賢大夫孔子欲用楚故如蔡如葉

葉公問政孔子曰近者悅遠者來

葉公因語孔子曰吾黨有直躬者其父攘羊而子證之孔子曰吾黨之直者異於是父爲子隱子爲父隱直在其中矣它曰葉公問孔子於子路子路

不對孔子聞之曰爾奚不曰其爲人也發憤忘食樂以忘憂不知老之將至云爾論語○內有與論語異者係從史記去葉反於蔡孔子世家長沮桀溺耦而耕孔子過之使子路問津焉集注時孔子自楚反乎蔡閻氏若璩曰世家文楚乃葉字葉雖楚邑距蔡密邇哀六年孔子方至楚長沮曰夫執輿者爲誰曰爲孔某曰是魯孔某與曰然曰是知津矣桀溺曰子爲誰曰爲仲由曰是魯孔某之徒與曰然曰滔滔者天下皆是也而誰以易之且而與其從辟人之士也豈若從辟世之士哉耰而不輟子路行以告夫子憮然

曰鳥獸不可與同羣吾非斯人之徒與而誰與天下有道某不與易也子路從而後遇荷蓧丈人曰子見夫子乎丈人曰四體不勤五穀不分孰爲夫子植其杖而芸子路拱而立止子路宿殺雞爲黍而食之見其二子焉明日子路行以告孔子曰隱者也使子路反見之至則行矣子路曰不仕無義長幼之節不可廢也君臣之義如之何其廢之欲潔其身而亂大倫君子之仕也行其義也道之不行已知之矣論語○內與論語異者係從史記謹按長沮以下史記繫於去葉反蔡後

壬子魯哀公六年年六十三孔庭摘要六十三歲留陳蔡間有絕糧之厄

吳伐陳春秋哀六年吳伐陳楚昭王救陳軍於城父聞孔子在陳蔡之間楚使人聘孔子孔子將往從之從之今作拜禮○汪氏份曰史記孔子遷于蔡三歲楚使人聘孔子葢自四年至六年蔡而葉葉而蔡楚聘之而乃至楚陳蔡大夫謀曰孔子賢者所刺譏皆中諸侯之疾今者久留陳蔡之間諸大夫所設行皆非仲尼之意今楚大國也來聘孔子孔子用於楚則陳蔡用事大夫危矣於是乃相與發徒役圍孔子於野不得行絕糧謹按絕糧事朱子以爲據論語當在去衛如陳時是哀二年江氏永

以爲當在哀四年自陳遷蔡時葢道途間資用乏絕不必有兵圍之事鄭氏環曰家語素王事記歷聘紀年俱繫絕糧於楚救陳之年與世家同

從者病莫能興孔子講誦弦歌不衰子路慍見曰君子亦有窮乎孔子曰君子固窮小人窮斯濫矣孔子知弟子有慍心乃召子路而問曰詩云匪兕匪虎率彼曠野吾道非耶吾何爲於此子路曰意者吾未仁耶人之不我信也意者吾未知耶人之不我行也孔子曰有是乎由譬使仁者而必信安有伯夷叔齊使智者而必行安有王子比干以上孔子世家夫遇不遇者時也君子

博學深謀而不遇時者衆矣何獨某哉且芝蘭生於深林不以無人而不芳君子修道立德不爲窮困而改節爲之者人也生死者命也以上家語在厄子路出子貢入見孔子曰詩云匪兕匪虎率彼曠野吾道非耶吾何爲於此子貢曰夫子之道至大也故天下莫能容夫子夫子盍少貶焉孔子曰賜良農能稼而不能爲穡良工能巧而不能爲順君子能修其道綱而紀之統而理之而不能爲容今爾不修爾道而求爲容而志不遠矣子貢出顏回入見

孔子曰詩云匪兕匪虎率彼曠野吾道非耶吾何爲於此顏回曰夫子之道至大故天下莫能容雖然夫子推而行之不容何病不容然後見君子夫道之不修是吾醜也道既已大修而不用是有國者之醜也不容何病不容然後見君子孔子欣然而笑曰有是哉顏氏之子使爾多財吾爲爾宰於是使子貢見楚昭王昭王以師迎孔子然後得免以上孔子世家

時陳蔡弟子從孔子者皆不及門鄭注皆不及仕進之門而失其所故曰德行顏淵閔子騫冉伯牛仲弓言

語宰我子貢政事冉有季路文學子游子夏皆升堂入室者也當時弟子學業者三千人高弟七十其尤賢者十八而已本論語家語史記有刪潤

適楚中道有漁者而獻魚焉孔子不受漁者曰天暑市遠無所鬻也思慮棄之糞壤不如獻之君子故敢以進焉於是夫子再拜受之使弟子掃地將以烹一作享祭門人曰彼將棄之而夫子以祭之何也孔子曰吾聞諸惜其腐餘而欲以務施者仁人之偶也惡有受仁人之饋而無祭者乎家語致思

昭王將以書社地七百里封孔子楚令尹子西曰王之使使諸侯有如子貢者乎曰無有王之輔相有如顏回者乎曰無有王之將帥有如子路者乎曰無有王之官尹有如宰予者乎曰無有且楚之祖封於周號爲子男五十里今孔某述三王之法明周召之業王若用之則楚安得世世堂堂方數千里乎夫文王在豐武王在鎬百里之君卒王天下今孔某得據土壤賢弟子爲佐非楚之福也昭王乃止以上孔子世家是歲也有雲如衆赤鳥夾日以飛

三日楚子使問諸周大史周大史曰其當王身乎
若禜之可移於令尹司馬王曰除腹心之疾而寘
諸股肱何益不穀不有大過天其夭諸有罪受罰
又焉移之遂弗禜初昭王有疾卜曰河爲祟王弗
祭大夫請祭諸郊王曰三代命祀祭不越望江漢
睢漳楚之望也禍福之至不是過也不穀雖不德
河非所獲罪也遂弗祭孔子曰楚昭王知大道矣
其不失國也宜哉夏書曰惟彼陶唐帥彼天常有
此冀方今失其行亂其紀綱乃滅而亡又曰允出

菑在菑山已卒嘗可矣秋楚子軫卒左傳

楚狂接輿歌而過孔子曰鳳兮鳳兮何德之衰往者不可諫來者猶可追已而已而今之從政者殆而孔子下欲與之言趨而辟之不得與之言○論語邢疏接輿楚人姓陸名通字接輿也時孔子適楚與接輿相遇謹按史記叙接輿歌在楚昭王卒後

自楚反乎衛孔子世家○此下本有是歲也孔子年六十三而魯哀公六年也何謹按此第五次適衛至哀十一年反魯江氏永曰於是居衛又五六年○史記陳世家哀公六年孔子在陳年表及衛世家哀公十年孔子自陳入衛金仁山據此謂孔子見沮子西後自葉反陳在陳最久乃自陳反衛明年反魯汪氏份曰孔子世家哀公六年自楚反衛自此至十一年乃自衛反魯無自

蔡反陳居陳最久事夏洪基氏謂陳蔡上下之交已絕必無復留陳四年之理朱子既取孔子世家之說而于年表及陳衛世家所云皆不之從且從朱子可耳

遇舊館人之喪入而哭之哀出使子貢說驂而賻之子貢曰於門人之喪未有所說驂說驂於舊館無乃已重乎夫子曰予鄉者入而哭之遇於一哀而出涕予惡夫涕之無從也小子行之禮記檀弓

癸丑魯哀公七年年六十四

在衛

先時衛靈公死而世子蒯聵入於戚蒯聵之子出

公輒立事俱在哀二年父子爭國孔子既至冉有曰夫子為衛君乎子貢曰諾吾將問之入曰伯夷叔齊何人也曰古之賢人也曰怨乎曰求仁而得仁又何怨出曰夫子不為也是時衛君欲得孔子為政子路謂孔子曰衛君待子而為政子將奚先集注魯哀公之十年孔子自楚反乎衛謹按據史記自楚反衛在哀六年子曰必也正名乎子路曰有是哉子之迂也奚其正子曰野哉由也君子於其所不知蓋闕如也名不正則言不順言不順則事不成事不成則禮樂不興禮樂不興則刑

罰不中刑罰不中則民無所措手足故君子名之必可言也言之必可行也君子於其言無所苟而已矣本春秋傳論語孔子世家有增潤

甲寅魯哀公八年年六十五

在衛

有送葬者而夫子觀之曰善哉爲喪乎足以爲法矣小子識之子貢曰夫子何善爾也曰其往也如慕其反也如疑子貢曰豈若速反而虞乎子曰小子識之我未之能行也禮記檀弓

孔子昧旦晨興顔回

侍側聞哭者之聲甚哀子曰回汝知此何所哭乎對曰回以此哭聲非但爲死者而已又有生離別者也子曰何以知之對曰回聞桓山之鳥生四子焉羽翼既成將分於四海其母悲鳴而送之哀聲有似於此謂其往而不返也回竊以音類知之孔子使人問哭者果曰父死家貧賣子以葬與之長訣孔子曰回也善於識音矣家語顏回

衛將軍文子將立先君之廟於其家使子羔訪於孔子孔子曰公廟設於私家非古禮之所及吾弗

知子蓋曰敢問尊卑上下立廟之制可得而聞乎孔子曰天下有王分地建國設祖宗乃爲親疏貴賤多少之數是故天子立七廟三昭三穆與太祖之廟而七太祖近廟皆月祭之遠廟爲祧有二祧焉享嘗乃止諸侯立五廟二昭二穆與太祖之廟而五祖考廟享嘗乃止大夫立三廟一昭一穆與太祖之廟而三皇考廟享嘗乃止士立一廟曰考廟王考無廟合而享嘗乃止庶人無廟四時祭於寢此自有虞以至於周之所不變也凡四代帝王

之所謂郊者皆以配天其所謂禘者皆五年大祭之所及也應爲太祖者則其廟不毁不及太祖雖所禘郊其廟則毁矣古者祖有功而宗有德謂之祖宗者其廟皆不毁子羔又問曰祭典云昔有虞氏祖顓頊而宗堯夏后氏亦祖顓頊而宗禹殷人祖契而宗湯周人祖文王而宗武王此四祖四宗或乃異代或其考祖之有功德其廟可也若有虞宗堯夏祖顓頊皆異代之有功德者也亦可以存其廟乎孔子曰善如汝所問也如殷周之祖宗其

廟可以不毀其他祖宗者功德不殊雖在殊代亦可以無疑矣詩云蔽芾甘棠勿剪勿拜召伯所憩周人之於召公也愛其人猶敬其所舍之樹況祖宗其功德而可以不尊奉其廟焉家語廟制

孔子問公叔文子於公明賈曰信乎夫子不言不笑不取乎公明賈對曰以告者過也夫子時然後言人不厭其言樂然後笑人不厭其笑義然後取人不厭其取子曰其然豈其然乎論語

乙卯魯哀公九年年六十六

在衛

衛司徒敬子卒孔子弔焉主人不哀夫子哭不盡聲而退蘧伯玉請曰衛鄙俗不習喪禮煩吾子辱相焉孔子許之掘中霤而浴毀竈而綴足襲於牀及葬毀宗躐行出於大門及墓男子西面婦人東面既封而歸殷道也孔子行之子游問曰君子行禮不求變俗夫子變之矣孔子曰非此之謂也喪事則從其質而已家語曲禮子貢問

丙辰魯哀公十年年六十七

在衛史記年表哀公十年孔子自陳入衛索隱按衛左傳及孔子世家是時不見有在陳之文在陳當哀公之初葢年表誤耳

夫人幵官氏卒○江氏永曰年譜哀十年夫人幵官氏卒昔人因檀弓記伯魚之母死期而猶哭夫子謂其已甚因謂孔子出妻近世豐城甘馭麟紱著四書類典賦辨其無此事云檀弓載門人問子思曰子之先君子喪出母乎此殆指夫子之於施氏而言非謂伯魚之於幵官也初叔梁公娶施氏生九女無子此正所謂無子當出者家語後序所謂叔梁公始出妻是也此說甚有理施氏無子而出乃求婚於顏氏事當有之門人之問明云子之先君子喪出母是謂夫子自喪出母非謂令伯魚爲出母服也伯魚母死當守父在爲母期之禮過期當除故抑其過而止之何得誣爲喪出母也鄭氏環曰哀公十年幵官氏卒素王事記繫於哀九年誤謹按伯魚之母死期而猶哭節是編繫於哀

十一年則亦以开官氏之卒爲在哀十年也江氏説有關於聖蹟之大故補録夫人之卒而附其説於此

孔子編年卷三

孔子編年卷四

宋　績溪胡仔元任　撰

丁巳魯哀公十一年年六十八

在衛巳五年　謹按金仁山氏疑衛有父子之亂夫子不應久居其國然孟子稱孔子於衛孝公有公養之仕考之春秋史記無所謂孝公者朱子以爲疑郎出公輒又子路問衛君待子爲政而孔子荅以正名則出公欲用孔子而孔子亦欲用衛以正其亂可知孔子用衛則必以正名爲先而父子之變可弭矣此其所以久於衛也

齊師伐魯及清季康子使冉求率左師逆之獲甲首八十齊人宵遁冉求用矛於齊師故能入其軍

孔子曰義也是役也公爲與其嬖僮汪錡乘皆死皆殯孔子曰能執干戈以衛社稷可無殤也又曰孟之反不伐奔而殿將入門策其馬曰非敢後也馬不進也本左傳論語有刪潤

冉求旣有功於魯季康子曰子之於軍旅學之乎性之乎冉求曰學之於孔子季康子曰孔子何如人哉對曰用之有名播之百姓質之鬼神而無憾然求之不以道雖累千社夫子不利也康子曰我欲召之可乎對曰無以小人固之則可矣孔子世家

衛孔文子將攻大叔訪於仲尼仲尼曰簠今作胡簋之事則嘗學之矣甲兵之事未之聞也退命駕而行曰鳥則擇木木豈能擇鳥文子遽止之曰圉豈敢度其私訪衛國之難也將止以上左傳會季康子逐逐左傳疏引作使公華公賓公林以幣迎孔子孔子世家孔子於是自衛反魯孔庭摘要周敬王三十六年孔子六十八歲魯使人迎孔子於是自衛反魯史記孔子之去魯凡十四歲而反乎魯索隱前文孔子以定公十四年去魯計至此十三年謹按索隱之說爲是

息駕于河梁而觀焉有懸水三十仞圜流九十里魚鼈不能導黿鼉不能居有一丈夫方

將厲之孔子使人竝涯止之曰此懸水三十仞圜流九十里魚鼈黿鼉不能居也意者難可濟也丈夫不以措意遂渡而出孔子問之曰子巧乎有道術乎所以能入而出者何也丈夫對曰始吾之入也先以忠信及吾之出也又從以忠信忠信措吾軀於波流而吾不敢以用私所以能入而復出也孔子謂弟子曰二三子識之水且猶可以忠信成身親之而況於人乎家語致思

孔子將行雨而無蓋門人曰商也有之孔子曰商

之爲人也甚慳於財吾聞與人交推其長者違其短者故能久也乃止家語致思過泰山側有婦人哭於墓者而哀夫子式而聽之使子貢今本作子路問之曰子之哭也壹似重有憂者而曰然昔者吾舅死於虎吾夫又死焉今吾子又死焉夫子曰何爲不去也曰無苛政夫子曰小子識之苛政猛於虎也禮記檀弓○謹按家語正論解亦載此事云孔子適齊過泰山側此類敘於自衛反魯時未詳何據

子游爲武城宰孔子過之聞弦歌之聲莞爾而笑曰割雞焉用牛刀子游曰昔者偃也聞諸夫子曰

君子學道則愛人小人學道則易使也子曰二三子偃之言是也前言戲之耳因問曰汝得人焉爾乎子游對曰有澹臺滅明者行不由徑非公事未嘗至於偃之室也由此澹臺滅明見於孔子然狀貌甚惡孔子以爲材薄旣受業南游至江從弟子三百人設取予去就名施乎諸侯孔子聞之曰吾以言取人失之宰予以貌取人失之子羽（本論語史記弟子列傳有刪潤）至魯魯哀公問於孔子曰夫子之服其儒服與孔子對曰某少居魯衣逢掖之衣長居宋冠

章甫之冠某聞之也君子之學也博其服也鄉某不知儒服哀公曰敢問儒行孔子對曰遽數之不能終其物悉數之乃留更僕未可終也哀公命席孔子侍曰儒有席上之珍以待聘夙夜強學以待問懷忠信以待舉力行以待取其自立有如此者儒有衣冠中動作慎其大讓如慢小讓如僞大則如威小則如愧其難進而易退也粥粥若無能也其容貌有如此者儒有居處齊難其坐起恭敬言必先信行必中正道塗不爭險易之利冬夏不爭

陰陽之和愛其死以有待也養其身以有爲也其備豫有如此者儒有不寶金玉而忠信以爲寶不祈土地立義以爲土地不祈多積多文以爲富難得而易祿也易祿而難畜也非時不見不亦難得乎非義不合不亦難畜乎先勞而後祿不亦易祿乎其近人有如此者儒有委之以貨財淹之以樂好見利不虧其義劫之以衆沮之以兵見死不更其守鷙蟲攫搏不程勇者引重鼎不程其力往者不悔來者不豫過言不再流言不極不斷其威不

習其謀其特立有如此者儒有可親而不可刼也可近而不可迫也可殺而不可辱也其居處不淫其飲食不溽其過失可微辨而不可面數也其剛毅有如此者儒有忠信以爲甲胄禮義以爲干櫓戴仁而行抱義而處雖有暴政不更其所其自立有如此者儒有一畝之宮環堵之室蓽門圭窬蓬戶甕牖易衣而出竝日而食上荅之不敢以疑上不荅不敢以諂其仕有如此者儒有今人與居古人與稽今世行之後世以爲楷適弗逢世上弗援

下弗推讒諂之民有比黨而危之者身可危也而志不可奪也雖危起居竟信其志猶將不忘百姓之病也其憂思有如此者儒有博學而不窮篤行而不倦幽居而不淫上通而不困禮之以和爲貴忠信之美優游之法慕賢而容衆毀方而瓦合其寬裕有如此者儒有內稱不辟親外舉不辟怨程功積事推賢而進達之不望其報君得其志苟利國家不求富貴其舉賢援能有如此者儒有聞善以相告也見善以相示也爵位相先也患難相死

也久相待也遠相致也其任舉有如此者儒有澡身而浴德陳言而伏靜而正之上弗知也麤而翹之又不急爲也不臨深而爲高不加少而爲多世治不輕世亂不沮同弗與異弗非也其特立獨行有如此者儒有上不臣天子下不事諸侯愼靜而尚寬強毅以與人博學以知服近文章砥厲廉隅雖分國如錙銖不臣不仕其規爲有如此者儒有合志同方營道同術竝立則樂相下不厭久不相見聞流言不信其行本方立義同而進不同而退

其交友有如此者溫良者仁之本也敬慎者仁之地也寬裕者仁之作也遜接者仁之能也禮節者仁之貌也言談者仁之文也歌樂者仁之和也分散者仁之施也儒皆兼此而有之猶且不敢言仁也其尊讓有如此者儒有不隕穫於貧賤不充詘於富貴不慁君王不累長上不閔有司故曰儒今衆人之命儒也妄常以儒相詬病孔子至舍哀公館之聞此言也言加信行加義終沒吾世不敢以儒爲戲禮記儒行○鄭注儒行之作蓋孔子自衛初反魯時也孔子歸至其舍哀公就而禮

館之孔疏左傳哀十一年冬衛孔文子將攻太叔訪於仲尼退命駕而行文子遽止之將止魯人以幣名之孔子乃歸○家語儒行解孔子在衛冉求言于季孫以幣延之既至舍哀公館焉問儒行

子華使於齊冉子爲其母請粟子曰與之釜請益曰與之庾冉子與之粟五秉子曰赤之適齊也乘肥馬衣輕裘吾聞之也君子周急不繼富論語○閻氏若璩曰向嘗以子華使齊原思爲宰並爲魯司寇時事爲聖人之用財既考赤少孔子四十二歲當爲司寇時赤甫八歲應是自衛反魯後赤年將三十求仕季孫久已富而粟多耳

季孫欲以田賦使冉有訪諸孔子孔子曰某不識也三發卒曰子爲國老待子而行若之何子之不

言也孔子不對而私於冉有曰君子之行也度於禮施取其厚事舉其中斂從其薄如是則以丘亦足矣若不度於禮而貪暴無厭則雖以田賦將又不足且子季孫若欲行而法則周公之典在若欲苟而行又何訪焉弗聽卒用田賦左傳

季孫旅於泰山孔子謂冉有曰女弗能救與馬注冉有時仕於季氏對曰不能子曰嗚呼曾謂泰山不如林放乎是時季氏富於周公而求也爲之聚斂而附益之孔子黜之曰非吾徒也小子鳴鼓而攻之可也

冉子退朝鄭注冉有臣於季氏朝季氏之朝子曰何晏也對曰有政子曰其事也如有政雖不吾以吾其與聞之論語

樊遲從遊於舞雩之下曰敢問崇德修慝辨惑子曰善哉問先事後得非崇德與攻其惡無攻人之惡非修慝與一朝之忿忘其身以及其親非惑與論語

蘧伯玉使人於孔子孔子與之坐而問焉曰夫子何爲對曰夫子欲寡其過而未能也使者出子曰使乎使乎論語

叔仲會與孔璇（一作旋）年相比二人迭侍孔子執筆記事孟武伯見孔子而問曰此二孺子之幼也於學豈能識於壯哉孔子曰然少成若天性習慣若自然也（家語七十二弟子解）

伯魚之母死（母卒在哀十年）期而猶哭孔子聞之曰誰與哭者門人曰鯉也孔子曰嘻其甚也伯魚聞之遂除之（禮記檀弓○謹按孔疏謂伯魚母出誤辨見前）

子夏為莒父宰問政子曰無欲速無見小利欲速則不達見小利則大事不成（論語○鄭注舊說云莒父魯下邑閻氏若

據曰春秋定十四年城莒父及霄杜注公懼而城二邑者以叛晉助范氏故是時荀寅士吉射據朝歌朝歌在魯正西將八百里則莒父屬魯之西鄙子夏問政亦當在夫子反魯後

哀公問政於孔子孔子對曰政之急者莫大乎使民富且壽也公曰爲之柰何孔子曰省力役薄賦斂則民富矣敦禮教遠罪疾一作戾則民壽矣公曰寡人欲行夫子之言恐吾國貧矣孔子曰詩云愷悌君子民之父母未有子富而父母貧者也家語賢君

哀公問於孔子曰子從父命孝乎臣從君命貞乎三問孔子不對孔子趨出以語子貢曰鄉者君問

某曰子從父命孝乎臣從君命貞乎三問而某不對賜以爲何如子貢曰子從父命孝矣臣從君命貞矣夫子又奚對焉孔子曰小人哉賜不識也昔萬乘之國有爭臣四人則封疆不削千乘之國有爭臣三人則社稷不危百乘之國有爭臣二人則宗廟不毀父有爭子不行無禮士有爭友不爲不義故子從父奚子孝臣從君奚臣貞審其所以從之之謂孝之謂貞也家語三恕○自哀公問至賜以爲何如六十三字今家語本無自子貢曰以下文亦多與今家語本異

戊午魯哀公十二年年六十九

夏五月昭夫人孟子卒孔子與弔適季氏季氏不絻放絰而拜左傳

哀公問曰何爲則民服孔子對曰舉直錯諸枉則民服舉枉錯諸直則民不服論語

季康子問使民敬忠以勸對曰臨之以莊則敬孝慈則忠舉善而教不能則勸論語

季康子問政對曰政者正也子帥以正孰敢不正

康子患盜對曰苟子之不欲雖賞之不竊又問如

殺無道以就有道何如對曰子爲政焉用殺子欲善而民善矣君子之德風小人之德草草上之風必偃孔子因言衛靈公之無道也康子曰夫如是奚而不喪孔子曰仲叔圉治賓客祝鮀治宗廟王孫賈治軍旅夫如是奚其喪康子問仲由可使從政也與子曰由也果於從政乎何有曰賜也可使從政也與曰賜也達於從政乎何有曰求也可使從政也與曰求也藝於從政乎何有論語

孟武伯問孝子曰父母唯其疾之憂孟武伯問子

路仁乎子曰不知也又問子曰由也千乘之國可使治其賦也不知其仁也求也何如子曰求也千室之邑百乘之家可使爲之宰也不知其仁也赤也何如子曰赤也束帶立於朝可使與賓客言也不知其仁也論語

季子然問仲由冉求可謂大臣與子曰吾以子爲異之問曾由與求之問所謂大臣者以道事君不可則止今由與求也可謂具臣矣曰然則從之者與子曰弑父與君亦不從也論語

吳之伐越也墮會稽得骨節專車吳子使使聘魯且問之孔子曰無以吾命也賓既將命發幣於大夫及孔子孔子爵之既徹俎而燕客執骨而問曰骨何者爲大孔子曰某聞之昔禹致羣臣於會稽之山防風氏後至禹殺而戮之其骨專車此爲大矣客曰誰爲神孔子曰山川之神足以紀綱天下其守爲神社稷爲公侯皆屬於王者客曰防風何守孔子曰汪罔氏之君守封禺之山爲漆史記作釐姓在虞夏商爲汪罔氏於周爲長狄今謂之大人客

曰人長幾何孔子曰僬僥氏三尺短之至也長者不過十數之極也本家語辨物孔子世家○鄭氏環曰按棲越於會稽在哀元年是時夫子尚未反魯此問當在哀十一年後魯之君臣終不能用孔子孔子亦不求仕蓋父母之邦且將老焉自周室衰微而禮樂廢詩書缺孔子憂後世之無述也於是敍書上紀唐虞下至秦穆爲百篇古者詩三千餘篇於是刪詩上采契稷中述商周之盛至幽厲之缺始於衽席故曰關雎之亂以爲風始鹿鳴爲小雅始文王爲大雅始清廟爲頌始三百五篇孔子

皆絃歌之以求合韶武雅頌之音故曰吾自衛反魯然後樂正雅頌各得其所鄭注反魯魯哀公十一年冬曰夏禮吾能言之杞不足徵也殷禮吾能言之宋不足徵也文獻不足故也足則吾能徵之矣觀三代所損益曰後雖百世可知也周監於二代郁郁乎文哉吾從周與魯太師論樂曰樂其可知也始作翕如也縱之純如也皦如也繹如也以成若夫禮樂之說遭秦焚書之變其詳細不得而聞矣自魯之君臣以下本孔子世家論語有增刪○孔庭摘要自衛反魯不仕乃序書傳禮刪詩正樂贊易修春秋

曾子問曰古者師行必以遷廟主行乎孔子曰天子巡狩以遷廟主行載於齊車言必有尊也今也取七廟之主以行則失之矣當七廟五廟無虛主虛主者唯天子崩諸侯薨與去其國與祫祭於祖爲無主耳吾聞諸老聃曰天子崩國君薨則祝取羣廟之主而藏諸祖廟禮也卒哭成事而后主各反其廟君去其國大宰取羣廟之主以從禮也祫祭於祖則祝迎四廟之主主出廟入廟必蹕老聃云禮記曾子問

曾子又問曰葬引至於堩日有食之則有變乎且不乎孔子曰昔者吾從老聃助葬於巷黨及堩日有食之老聃曰某止柩就道右止哭以聽變既明反而后行曰禮也反葬而某問之曰夫柩不可以反者也日有食之不知其已之遲數則豈如行哉老聃曰諸侯朝天子見日而行逮日而舍奠大夫使見日而行逮日而舍夫柩不蚤出不莫宿見星而行者唯罪人與奔父母之喪者乎日有食之安知其不見星也且君子行禮不以人之親痁患吾

聞諸老聃云曾子又問曰下殤土周葬於園遂輿機而往塗邇故也今墓遠則其葬之也如之何孔子曰吾聞諸老聃曰昔者史佚有子而死下殤也墓遠召公謂之曰何以不棺斂於宮中史佚曰吾敢乎哉召公言於周公周公曰豈不可史佚行之下殤用棺衣棺自史佚始也禮記曾子問

子夏問曰三年之喪卒哭金革之事無辟也者禮與初有司與孔子曰夏后氏三年之喪既殯而致事殷人既葬而致事記曰君子不奪人之親亦不

可奪親也此之謂乎子夏曰金革之事無辟也者非與孔子曰吾聞諸老聃曰昔者魯公伯禽有爲爲之也今以三年之喪從其利者吾弗知也禮記曾子問

賓牟賈侍坐於孔子孔子與之言及樂曰夫武之備戒之已久何也對曰病不得其衆也咏嘆之淫液之何也對曰恐不逮事也發揚蹈厲之已蚤何也對曰及時事也武坐致右憲左何也對曰非武坐也聲淫及商何也對曰非武音也子曰若非武

音則何音也對曰有司失其傳也若非有司失其傳則武王之志荒矣子曰唯某之聞諸萇弘亦若吾子之言是也賓牟賈起免席而請曰夫武之備戒之已久則既聞命矣敢問遲之遲而又久何也子曰居吾語汝夫樂者象成者也總干而山立武王之事也發揚蹈厲太公之志也武亂皆坐周召之治也且夫武始而北出再成而滅商三成而南四成而南國是疆五成而分周公左召公右六成復綴以崇天子夾振之而駟伐盛威於中國也分

夾而進事蚤濟也久立於綴以待諸侯之至也且女獨未聞牧野之語乎武王克殷反商未及下車而封黃帝之後於薊封帝堯之後於祝封帝舜之後於陳下車而封夏后氏之後於杞投殷之後於宋封王子比干之墓釋箕子之囚使之行商容而復其位庶民弛政庶士倍祿濟河而西馬散之華山之陽而弗復乘牛散之桃林之野而弗復服車甲衅而藏之府庫而弗復用倒載干戈包之以虎皮將帥之士使為諸侯名之曰建櫜然後天下知

武王之不復用兵也散軍而郊射左射貍首右射騶虞而貫革之射息也裨冕搢笏而虎賁之士說劍也祀乎明堂而民知孝朝覲然後諸侯知所以臣耕藉然後諸侯知所以敬五者天下之大教也食三老五更於大學天子袒而割牲執醬而饋執爵而酳冕而總干所以教諸侯之弟也若此則周道四達禮樂交通則夫武之遲久不亦宜乎禮記樂記

曾子事親孝孔子閒居曾子侍坐因為之作孝經嘗曰吾志在春秋行在孝經本史記弟子列傳何休公羊傳序有增潤

師冕見及階子曰階也及席子曰席也皆坐子告之曰某在斯某在斯師冕出子張問曰與師言之道與子曰然固相師之道也論語

冬十二月螽季孫問諸孔子孔子曰某聞之火伏而後蟄者畢今火猶西流司歷過也左傳

魯國之法贖人臣妾于諸侯者皆取金於府子貢贖之辭而不取金孔子聞之曰賜失之矣夫聖人之舉事也可以移風易俗而教導可以施之於百姓非獨適身之行也今魯國富者寡而貧者衆贖

人受金則爲不廉則何以相贖乎自今以後魯人不復贖人於諸侯矣家語致思

哀公問曰紳委章甫有益於人今作仁乎孔子作色而對曰君胡然焉衰麻苴杖者志不存乎樂非耳弗聞服使然也黼黻袞冕者容不褻慢非性務一作矜莊服使然也介冑執戈者無退懦之氣非體純猛服使然也且臣聞之好肆不守折而長者不爲市竊王注竊宜爲察夫其有益與無益君子所以知也家語好生

哀公問於孔子曰當今之君孰爲最賢孔子對曰某未之見也抑有衛靈公乎公曰吾聞其閨門之內無別而子次之賢何也孔子曰臣聞（一作語）其朝廷行事不論其私家之際也公曰其事何如孔子對曰靈公之弟曰公子渠牟其智足以治千乘其信足以守之靈公愛而任之又有士曰林國者見賢必進之而退與分其祿是以靈公無遊放之士靈公賢而尊之又有士曰慶足者衛國有大事則必起而治之國無事則退而容賢靈公悅而敬之

又有大夫史鰌以道去衛而靈公郊舍三日琴瑟不御必待史鰌之入然後敢入臣以此取之雖次之賢不亦可乎家語賢君

孔子侍坐於哀公賜之桃與黍焉哀公曰請食孔子先食黍而後食桃左右皆掩口而笑公曰黍者所以雪桃非爲食之也孔子對曰某知之矣然黍者五穀之長郊祀宗廟以爲上盛菓屬有六而桃爲下祭祀不用不登郊廟某聞之君子以賤雪貴不聞以貴雪賤今以五穀之長雪菓之下者是從

上雪下臣以爲妨於教害於義故不敢公曰善哉家語子路初見

顏淵季路侍子曰盍各言爾志子路曰願車馬衣輕裘與朋友共敝之而無憾顏淵曰願無伐善無施勞子路曰願聞子之志子曰老者安之朋友信之少者懷之論語

子路曾皙冉有公西華侍坐子曰以吾一日長乎爾毋吾以也居則曰不吾知也如或知爾則何以哉子路率爾而對曰千乘之國攝乎大國之間加

之以師旅因之以饑饉由也爲之比及三年可使有勇且知方也夫子哂之求爾何如對曰方六七十如五六十求也爲之比及三年可使足民如其禮樂以俟君子赤爾何如對曰非曰能之願學焉宗廟之事如會同端章甫願爲小相焉點爾何如鼓瑟希鏗爾舍瑟而作對曰異乎三子者之撰子曰何傷乎亦各言其志也曰莫春者春服既成冠者五六人童子六七人浴乎沂風乎舞雩詠而歸夫子喟然歎曰吾與點也三子者出曾皙後曾皙

曰夫三子者之言何如子曰亦各言其志也已矣曰夫子何哂由也曰爲國以禮其言不讓是故哂之唯求則非邦也與安見方六七十如五六十而非邦也者唯赤則非邦也與宗廟會同非諸侯而何赤也爲之小孰能爲之大論語○孔庭摘要自衛反魯與羣弟子講道於洙泗之上

公伯寮愬子路於季孫子服景伯以告曰夫子固有惑志於公伯寮吾力猶能肆諸市朝子曰道之將行也與命也道之將廢也與命也公伯寮其如

命何論語

大宰問於子貢曰夫子聖者與何其多能也子貢曰固天縱之將聖又多能也子聞之曰太宰知我乎吾少也賤故多能鄙事君子多乎哉不多也論語

○邢疏鄭云是吳大宰嚭以左傳哀十二年公會吳于橐臯吳子使大宰嚭請尋盟公不欲使子貢對又子貢嘗適吳故

伯高死於衛赴於孔子孔子曰吾惡乎哭諸兄弟吾哭諸廟父之友吾哭諸廟門之外師吾哭諸寢朋友吾哭諸寢門之外所知吾哭諸野於野則已

疏於寢則已重夫由賜也見我吾哭諸賜氏遂命子貢爲之主曰爲爾哭也來者拜之知伯高而來者勿拜也伯高之喪孔氏之使者未至冉子攝束帛乘馬而將之孔子曰異哉徒使我不誠於伯高

禮記檀弓○謹按禮記原本伯高之喪節在伯高死於衛之前家語曲禮子貢問篇亦載此事節次與是編同而文特詳是編文從禮記節次蓋本家語

伯魚卒孔庭摘要孔子六十九歲伯魚卒史記伯魚年五十先孔子死謹按孔子二十歲生伯魚至是年五十也

孔子編年卷四

孔子編年卷五

宋　績溪胡仔元任　撰

己未魯哀公十三年年七十

在魯

孔子曰吾十有五而志于學三十而立四十而不惑五十而知天命六十而耳順七十而從心所欲不踰矩（論語）孔庭摘要七十歲自序爲學漸進之功自十五至七十從心不踰矩

吳王夫差將與哀公見晉侯子服景伯對使者曰王合諸侯則伯率侯牧以見於王伯合諸侯則侯

率子男以見於伯今諸侯會而君與寡君見晉君則晉成爲伯矣且執事以伯召諸侯而以侯終之何利之有焉吳人乃止既而悔之遂囚景伯景伯謂太宰嚭曰魯將以十月上辛有事于上帝先王季辛而畢何也世有職焉自襄已來未之改也若其不會則祝宗將曰吳實然嚭言於夫差歸之子貢聞之見於孔子曰子服氏之子拙於說矣以實獲囚以詐得免孔子曰吳子爲夷德可欺而不可以實是聽者之蔽非說者之拙家語辯物

顏淵死孔子曰噫天喪予天喪予子哭之慟從者曰子慟矣曰有慟乎非夫人之爲慟而誰爲其父顏路請子之車以爲之槨子曰才不才亦各言其子也鯉也死有棺而無椁吾不徒行以爲之槨以吾從大夫之後不可徒行也門人聞之欲厚葬之子曰不可門人厚葬之子曰回也視予猶父也予不得視猶子也非我也夫二三子也後哀公問弟子孰爲好學孔子對曰有顏回者好學不遷怒不貳過不幸短命死矣今也則亡未聞好學者也季

康子又問之亦曰有顏回者好學不幸短命死矣今也則亡論語有增潤○鄭氏環曰顏子卒於魯哀公十三年己未八月二十三日今之六月二十三日乃忌辰也家語謂少孔子三十歲誤謂三十一早死亦誤史記索隱引古本家語作三十二謹按顏淵生于魯昭公二十九年少孔子三十八歲至哀公十三年卒適合年三十二之數伯魚先顏淵卒一年故云鯉也死有棺而無槨邢疏以顏回少孔子三十歲推之謂顏回先卒又引王肅家語注以鯉也死為假設之辭閻氏若璩曰如此說豈不笑滾了人但閻氏謂少孔子三十歲三十下脫七字當為脫八字耳

宓子賤為單父宰孔子之兄子蔑與子賤皆仕孔子往過蔑而問焉曰自汝之仕何得何亡對曰未

有所得而所亡者三王事若龍王注云龍宜爲龔言前後相因也學焉得習是學不得明也俸祿少饘粥不及親戚是骨肉益疏也公事多急不得弔死問疾是朋友道闕也孔子不說往過子賤問如蔑也對曰無所亡而有所得者三始誦之今得行之是學益明也俸祿所供被及親戚是骨肉益親也雖有公事而兼以弔死問疾是朋友益篤也孔子嘆曰君子哉若人魯無君子者斯焉取斯本家語子路初見論語有刪潤○鄭氏環曰史記弟子列傳子賤少孔子四十九歲孔子卒年七十三宓子方二十五歲宓子宰單父三年孔

子使巫馬期觀政是弱冠即宰單父也謹按是編載子賤生于魯定公七年至是年二十二

孔子嘗有疾季康子饋藥拜而受之曰某未達不敢嘗子路請禱子曰有諸子路對曰有之誄曰禱爾于上下神祇子曰某之禱久矣子路又使門人爲臣孔子病間曰久矣哉由之行詐也無臣而爲有臣吾誰欺欺天乎且予與其死於臣之手也無寧死於二三子之手乎且予縱不得大葬予死於道路乎論語有刪潤

哀公問社於宰我宰我對曰夏后氏以松殷人以

栢周人以栗曰使民戰栗子聞之曰成事不說遂事不諫既往不咎論語

子貢欲去告朔之餼羊子曰賜也爾愛其羊我愛其禮論語

哀公問於孔子曰寡人欲論吾國之士與之爲治敢問如何取之孔子對曰生今之世志古之道居今之俗服古之服舍此而爲非者不亦鮮乎曰然則章甫絇履紳帶搢笏者皆賢人也孔子曰不必然也某之所言非此之謂也夫端衣元裳冕而乘

軒者則志不在於食焄斬衰菅菲杖而歠粥者則志不在於酒肉生今之世志古之道居今之俗服古之服謂此類也公曰善哉盡此而已乎孔子曰人有五儀有庸人有士人有君子有賢人有聖人審此五者則治道畢矣公曰敢問何如斯可謂之庸人孔子曰所謂庸人者心不存愼終之規口不吐訓格之言不擇賢以托其身不力行以自定見小闇大而不知所務從物如流不知其所執此則庸人也公曰何謂士人孔子曰所謂士人者心有

所定計有所守雖不能盡道術之本必有率也雖不能備百善之美必有處也是故知不務多必審其所知言不務多必審其所謂行不務多必審其所由則富貴不足以益貧賤不足以損此則士人也公曰何謂君子孔子曰所謂君子者言必忠信而心不怨一作德仁義在身而色無伐思慮明通而辭不專油然若將可越而終不可及者君子也公曰何謂賢人孔子曰所謂賢人者德不踰閑行中規繩言足以法於天下而不傷於身道足以化於

百姓而不傷於本此賢者也公曰何謂聖人孔子曰所謂聖人者德合天地變通無方明竝日月化行若神下民不知其德此謂聖人也公曰善哉非子之賢則寡人不得聞此言也雖然寡人生於深宮之中長於婦人之手未嘗知哀未嘗知憂未嘗知勞未嘗知懼未嘗知危恐不足以行五儀之教孔子對曰如君之言已知之矣則某亦無所聞焉公曰非吾子寡人無以啓其心吾子言也孔子曰君入廟門而右登自阼階仰視榱桷俯察几筵其

器皆存而不覩其人君以此思哀則哀可知矣昧爽夙興正其衣冠平旦視朝慮其危難一物失理亂亡之端君以此思憂則憂可知矣日出聽政至於中冥諸侯子孫往來爲賓行禮揖讓愼其威儀君以此思勞則勞可知矣緬然長思出於四門周章遠望覩亡國之墟必將有數焉君以此思懼則懼可知矣夫君者舟也庶人者水也水所以載舟亦所以覆舟君以此思危則危可知矣君既明此五者又少留意於五儀之事則於政治何有失矣

家語五儀解

哀公問於孔子曰請問取人之法孔子對曰事任於官無取捷捷無取鉗鉗無取啍啍捷捷貪也鉗鉗亂也啍啍誕也故弓調而後求勁焉馬服而後求良焉士信慤而後求智能者不信慤而多智能譬之豺狼不可身邇五儀解

哀公問於孔子曰寡人欲吾國小而能守大則能攻其道如何孔子對曰使君朝廷有禮上下和親天下百姓皆君之民將誰攻之苟違此道民畔如

歸皆君之讐也將與誰守公曰善哉於是廢澤梁之禁弛關市之稅以惠百姓五儀解

哀公問於孔子曰夫國家之存亡禍福信有天命非唯人也孔子對曰存亡禍福皆己而已天災地妖不能加也公曰善吾子之言豈有其事乎孔子曰昔者殷王帝辛之世有雀生大鳥於城隅焉占之曰凡以小生大則國家必王而名必昌於是帝辛介雀之德不修國政亢暴無極朝臣莫救外寇乃至殷國以亡此卽以己逆天時詭福反爲禍者

也又其先世殷王大戊之時道缺法圮以致天糵桑穀於朝七日大拱占之者曰桑穀野生而不合生朝意者國亡乎太戊恐駭側身修行思先王之政明養民之道三年之後遠方慕義重譯至者十有六國此即以已逆天時得禍爲福者也故天災地妖所以儆人主也寤夢徵怪所以儆人臣也災妖不勝善政寤夢不勝善行能知此者至治之極也惟明王達此公曰寡人不鄙固此亦不得聞君子之教也

五儀解

哀公問於孔子曰智者壽乎仁者壽乎孔子對曰然人有三死而非其命也行己自取也夫寢處不時飲食不節逸勞過度者疾其殺之居下位而上干其君嗜慾無厭而貪求不止者刑其殺之以少犯衆以弱侮強忿怒不類動不量力兵其殺之此三者死非命也人自取之若夫智士仁人將身有節動靜以義喜怒以時無害其性雖得壽焉不亦可乎 五儀解

庚申魯哀公十四年年七十一

春西狩於大野叔孫氏之車子鉏商獲麟折其前左足載以歸叔孫以爲不祥以賜虞人孔子觀之曰麟也胡爲來哉胡爲來哉乃反袂拭面涕泣沾襟叔孫聞之然後取之子貢問曰夫子何泣爾孔子曰麟之至爲明王也出非其時而見害吾是以傷焉先是孔子因魯史記作春秋舉十二公行事繩之以文武之道成一王法其文約其指遠故吳楚之君自稱王而春秋貶之曰子踐土之會實召周天子而春秋諱之曰天王狩於河陽推此類以

綱當世貶損之義後有王者舉而開之春秋之義行則天下亂臣賊子懼焉然春秋天子之事也故孔子曰知我者其惟春秋乎罪我者其惟春秋乎孔子在位聽訟文辭有可與人共者弗獨有也至於爲春秋筆則筆削則削游夏之徒不能贊一辭及是西狩獲麟孔子傷周道之不興感嘉瑞之無應遂以此絕筆焉本春秋傳家語辨物孔子世家有增潤

小邾射以句繹奔魯謂魯人曰使季路要我吾無盟矣子路不許季孫使冉有謂之曰千乘之國不

信其盟而信子之言子何辱焉對曰魯有事於小邾不敢問故死其城下可也彼不臣而濟其言是義之也由弗能故孔子曰片言可以折獄者其由也與言人之信之也（本左傳論語有刪潤）

齊陳成子弒簡公孔子沐浴而朝告於哀公曰陳恒弒其君請討之（論語）公曰魯爲齊弱久矣子之伐之將若之何對曰陳恒弒其君民之不與者半以魯之衆加齊之半可克也（左傳）公曰告夫三子孔子曰以吾從大夫之後不敢不告也君曰告夫三子

者之三子告不可孔子曰以吾從大夫之後不敢

不告也論語

季康子問於孔子曰吾聞五帝之名而不知其實請問何謂五帝孔子曰昔某也聞諸老聃曰天有五行木火金水土分時化育以成萬物其神謂之五帝古之王者易代而改號取法五行五行更王終始相生亦象其義故其生爲明王者而死配五行是以太皞配木炎帝配火黄帝配土少皞配金顓頊配水康子曰太皞氏其始之木何如孔子曰

五行用事先起於木木東方萬物之初皆出焉是故王者則之而首以木德王天下其次則以所生之行轉相承也康子曰吾聞勾芒爲木正祝融爲火正蓐收爲金正元冥爲水正后土爲土正此則五行之主而不稱曰帝者何也孔子曰凡五正者五行之官名五行佐成上帝而稱五帝太皞之屬配焉亦云帝從其號昔少皞氏之子有四叔曰重曰該曰修曰熙實能金木及水使重爲勾芒該爲蓐收修及熙爲元冥顓頊氏之子曰黎爲祝融共

工氏之子曰勾龍爲后土此五者各以其所能業
爲官職生爲上公死爲貴神別稱五祀不得同帝
康子曰如此之言帝王改號於五行之德各有所
統則其所以相變者皆主何事孔子曰所尚則各
從其所王之德次焉夏后氏以金德王尚黑大事
斂用昏戎事乘驪牲用元殷人以水德王尚白大
事斂用日中戎事乘翰牲用白周人以木德王尚
赤大事斂用日出戎事乘騵牲用騂此三代之所
以不同康子曰唐虞二帝其所尚者何色孔子曰

堯以火德王色尚黃舜以土德王色尚青康子曰陶唐有虞夏后殷周獨不得配五帝意者德不及上古耶將有限乎孔子曰古之平治水土播殖百穀者衆矣唯勾龍兼食於社而棄爲稷神易代奉之無敢益者明不可與等故自太皞以降逮於顓頊其應五行而王數非徒五而配五帝是其德不可以多也家語五帝

哀公問曰寡人聞東益宅不祥信有之乎孔子曰不祥有五而東益不與焉夫損人自益身之不祥

棄老而取幼家之不祥釋賢而任不肖國之不祥老者不教幼者不學俗之不祥聖人伏匿愚者擅權天下不祥不祥有五東益不與焉家語正論解

原壤夷俟子曰幼而不遜弟長而無述焉老而不死是爲賊以杖叩其脛論語

辛酉魯哀公十五年年七十二

在魯

子路爲衛孔悝家臣莊公因孔姬以入于孔氏迫孔悝強盟之遂劫以登臺欒寧將飲酒炙未熟聞

亂使告子路召獲駕乘車行爵食炙奉出公以奔魯子路將入遇子羔將出曰門已閉矣子路曰吾姑至焉子羔曰弗及不踐其難子路曰食焉不避其難子羔遂出子路入及門公孫敢門焉曰無入爲也子路曰是公孫也求利焉而逃其難由不然利其祿必救其患有使者出乃入曰大子焉用孔悝雖殺之必或繼之且曰大子無勇若燔臺半必舍孔叔大子聞之懼下石乞盂黶敵子路以戈擊之斷纓子路曰君子死冠不免結纓而死孔子聞衛

亂曰柴也其來由也死矣以上本左傳有刪潤○謹按左傳載此事在哀十五年冬經在哀十六年春正月杜注以爲經書於春者從告又按史記載西狩獲麟之明歲子路死於衛是亦十五年也哭於中庭有人弔者而夫子拜之既哭進使者而問故使者曰醢之矣遂命覆醢禮記檀弓

季羔爲衛之士師刖人之足俄而衛有蒯聵之亂季羔逃之走郭門刖者守門焉謂季羔曰彼有缺季羔曰君子不踰又曰彼有竇季羔曰君子不隧又曰於此有室季羔乃入焉既而追者罷季羔將去謂刖者曰吾不能虧主之法而親刖子之足今

吾在難此正子之報怨之時而逃我者三何故哉刖者曰斷足固我之罪無可奈何曩者君治臣以法令先人後臣欲臣之免也臣知之獄決罪定臨當論刑君愀然不樂見君顏色臣又知之君豈私臣哉天生君子其道固然此臣之所以脫君也孔子聞之曰善哉爲吏其用法一也思仁恕則樹德加嚴暴則樹怨公以行之其子羔乎家語致思

孔子適季氏康子晝居內寢孔子問其所疾康子出見之言終孔子退子貢問曰季孫不疾而問諸

疾禮與孔子曰夫禮君子不有大故則不宿於外非致齊也非疾也則不晝處於內是故夜居於外雖弔之可也晝居於內雖問其疾可也家語曲禮子貢問

齊太史子與適魯見孔子孔子與之言道子與悅曰吾鄙人也聞子之名不覩子之形久矣而未之知寶貴也乃今而後知泰山之爲高淵海之爲大惜乎夫子之不逢明王道德不加於民而將垂寶以貽後世遂退而謂南宮敬叔曰今孔子先聖之嗣自弗父何以來世有德讓天所祚也成湯以武

德王天下其配在文殷宗以下未始有也孔子生於衰周先王典籍錯亂無紀而乃論百家之遺記考正其義祖述堯舜憲章文武刪詩述書定禮理樂制作春秋贊明易道垂訓後嗣以爲法式其文德著矣然凡所教誨束脩以上三千餘人或者天將欲與之素王乎夫何其盛也敬叔曰殆如吾子之言夫物莫能兩大吾聞聖人之後而非繼世之統其必有興者焉今孔子之道至矣乃將施乎無窮雖欲辭天之祚故未得耳子貢聞二子之言以

告孔子孔子曰豈若是哉亂而治之滯而起之自吾之志天何與焉〔家語本姓解〕

哀公問於孔子曰大禮何如君子之言禮何其尊也孔子曰某也小人不足以知禮君曰否吾子言之也孔子曰某聞之民之所由生禮爲大非禮無以節事天地之神也非禮無以辨君臣上下長幼之位也非禮無以別男女父子兄弟之親昏姻疏數之交也君子以此之爲尊敬然然後以其所能教百姓不廢其會節有成事然後治其雕鏤文章

黼黻以嗣其順之然後言其喪算備其鼎俎設其豕腊修其宗廟歲時以敬祭祀以序宗族卽安其居節醜其衣服卑其宮室車不雕飾器不刻鏤食不貳味以與民同利昔之君子之行禮者如此公曰今之君子胡莫之行也孔子曰今之君子好實無厭淫德不倦荒怠敖慢固民自盡午其衆以伐有道求得當欲不以其所昔之用民者由前今之用民者由後今之君子莫爲禮也禮記哀公問

孔子侍坐於哀公哀公曰敢問人道誰爲大孔子

愀然作色而對曰君之及此言也百姓之德也固臣敢無辭而對人道政爲大公曰敢問何謂爲政孔子對曰政者正也君爲正則百姓從政矣君之所爲百姓之所從也君所不爲百姓何從公曰敢問爲政如之何孔子對曰夫婦別父子親君臣嚴三者正則庶物從之矣公曰寡人雖無似也願聞所以行三言之道可得聞乎孔子對曰古之爲政愛人爲大所以治愛人禮爲大所以治禮敬爲大敬之至矣大昏爲大大昏至矣大昏既至冕而親

迎親之也親之也者親之也是故君子興敬爲親舍敬是遺親也弗愛不親弗敬不正愛與敬其政之本與公曰寡人願有言然冕而親迎不已重乎孔子愀然作色而對曰合二姓之好以繼先聖之後以爲天地宗廟社稷之主君何謂已重乎公曰寡人固不問焉得聞此言也寡人欲問不得其辭請少進孔子曰天地不合萬物不生大昏萬世之嗣也君何謂已重乎孔子遂言曰內以治宗廟之禮足以配天地之神明出以治直言之禮足以立

上下之敬物恥足以振之國恥足以興之爲政先禮禮其政之本與孔子遂言曰昔三代明王之政必敬其妻子也有道妻也者親之主也敢不敬與子也者親之後也敢不敬與君子無不敬也敬身爲大身也者親之枝也敢不敬與不能敬其身是傷其親傷其親是傷其本傷其本枝從而亡三者百姓之象也身以及身子以及子妃以及妃君行此三者則愾乎天下矣大王之道也如此則國家順矣公曰敢問何謂敬身孔子對曰君子過言則

民作辭過動則民作則君子言不過辭動不過則百姓不命而敬恭如是則能敬其身能敬其身則能成其親矣公曰敢問何謂成親孔子對曰君子也者人之成名也百姓歸之名謂之君子之子是使其親爲君子也是爲成其親之名也已孔子遂言曰古之爲政愛人爲大不能愛人不能有其身不能有其身不能安土不能安土不能樂天不能樂天不能成其身公曰敢問何謂成身孔子對曰不過乎物公曰敢問君子何貴乎天道也孔子對

曰貴其不已如日月東西相從而不已也是天道也不閉其久是天道也無爲而物成是天道也已成而明是天道也公曰寡人惷愚冥煩子志之心也孔子蹴然離席而對曰仁人不過乎物孝子不過乎物是故仁人之事親也如事天事天如事親是故孝子成身公曰寡人既聞此言也無如後罪何孔子對曰君之及此言也是臣之福也（禮記哀公問）

孺悲欲見孔子孔子辭以疾將命者出戶取瑟而歌使之聞之（論語）

哀公問於孔子曰昔者舜冠何冠乎孔子不對公曰寡人有問於子而子無言何也對曰以君之問不先其大者故方思所以爲對公曰其大何哉孔子曰舜之爲君也其政好生而惡殺其任授賢而替不肖德若天地而靜虛化若四時而變物是以四海承風暢於異類鳳翔麟至鳥獸馴德此無他好生故也君舍此道而冠冕是問是以緩對家語好生

時仲孫叔孫季孫三卿之子孫衰微故孔子曰祿之去公室五世矣政逮於大夫四世矣故夫三桓

之子孫微矣本論語有增潤

壬戌魯哀公十六年年七十三

在魯

顏淵之喪饋祥肉孔子出受之入彈琴而後食之禮記檀弓

孔子與門人立拱而尚右二三子皆尚右孔子曰二三子之嗜學也我則有姊之喪故也二三子皆尚左禮記檀弓

孔子蚤作負手曳杖逍遙於門歌曰泰山其頹乎

梁木其壞乎哲人其萎乎既歌而入當戶而坐子貢聞之曰泰山其頹則吾將安仰梁木其壞哲人其萎則吾將安放夫子殆將病也遂趨而入夫子曰賜爾來何遲也夏后氏殯於東階之上則猶在阼也殷人殯於兩楹之間則與賓主夾之也周人殯於西階之上則猶賓之也而某也殷人也予疇昔之夜夢坐奠於兩楹之間夫明王不興而天下其孰能宗予予殆將死也寢疾七日而沒以上禮記檀弓

夏四月己丑也史記孔子年七十三以魯哀公十六年四月己丑卒春秋杜注魯襄

二十二年生至哀十六年七十三也四月十八日乙丑無己丑己丑五月十二日日月必有誤江氏示曰四月己丑當爲十一日也此年正月有己卯故四月己卯朔十一日爲己丑鄭氏環曰據孔氏家譜孔子卒于魯哀公十六年夏四月乙丑年譜世表亦同當以杜注四月十八日乙丑爲正孔庭摘要周之四月夏之二月也後世行夏時故以二月十八日爲聖祖卒日

哀公誄之曰旻天不弔不憖遺一老俾屏余一人以在位煢煢余在疚嗚呼哀哉尼父無自律子貢曰君其不沒於魯乎夫子之言曰禮失則昏名失則愆失志爲昏失所爲愆生不能用死而誄之非禮也稱一人非名也君兩失之矣左傳

弟子葬之魯城北泗上本孔

子世家○孔庭摘要是年六月初九日　孔子之喪葬魯城北泗上與夫人亓官氏合墓門人疑所服子貢曰昔者夫子之喪顏淵若喪子而無服喪子路亦然請喪夫子若喪父而無服禮記檀弓於是皆心喪三年喪畢乃去獨子貢築室於墓復三年而去弟子及魯人往從冢而家者百有餘室因命曰孔里魯世世相傳以歲時奉祠孔子冢而諸儒亦講禮鄉飲大射於孔子冢孔子冢大一頃故所居堂弟子內後世因廟藏孔子衣冠琴車書至於漢二百餘年不絕漢高祖過魯以太牢祠

之焉諸侯卿相至先謁之然後從政孔子生鯉字伯魚鄭氏環曰家語孔子年十九而娶一歲而生伯魚公冶長之妻蓋伯魚女弟年五十先孔子死伯魚生伋字子思年六十二張氏墦曰按高氏子略孔甲問答篇載子思與孔子問答語則孔子時子思已長矣然史記家語俱云子思年六十二今考孔子卒於哀公十六年距穆公之立已逾七十年則六十二豈八十二之誤與鄭氏環曰子思生於哀公三年己酉先聖卒於哀公十六年子思已十四歲又六十九年而穆公始立子思與魯穆公見於孟子者非一孔叢子尤多六十二定屬八十二之誤闕里志子思受業於曾子嘗著書四十九篇傳道孟子年百餘歲嘗困於宋遂作中庸子思生白字子上年四十七子上生求字子家年四十五子家

生質字子京年四十六子京生穿字子高年五十一子高生子順（順一作愼）年五十七嘗爲魏相子順生鮒（字子魚後名甲著書二十餘篇名孔叢子）年五十七爲陳王涉博士死於陳下鮒弟子襄年五十七嘗爲漢惠帝博士遷爲長沙大傅（今本作大守鄭氏環曰長沙國有大傅無大守）長九尺六寸子襄生忠年五十七忠生武武生延年及安國（孔庭摘要忠生武及安國武生延年漢書同）安國爲漢武帝博士至臨淮太守蚤卒安國生卬卬生驩（本孔子世家有刪潤）

孔子編年卷五　　培翬校注